Impressum

Die Deutsche Bibliothek ·
CIP-Einheitsaufnahme

Spohr, Gregor:
Schöne Stätten der Industriekultur : der Revier-Freizeitführer / von Gregor Spohr
und Wolfgang Schulze.
[Fotos: Wolfgang Quickels]. –
Bottrop ; Essen : Pomp, 1998
(Ausflugsziele im Ruhrgebiet)
ISBN 3-89355-167-0

Alle Daten und Fakten in
diesem Buch sind mit größter
Sorgfalt recherchiert und zusammengestellt worden. Aber
vor allem Öffnungszeiten und
Preise werden häufig verändert. Die Angaben wurden
nach dem Stand August
2001 übernommen, um Richtwerte für die Ausflugsplanung
zu liefern. Sollten Angaben
falsch sein, bedauern wir das
und wären dankbar für eine
Mitteilung. Herausgeber und
Verlag können weder Gewähr
noch Haftung übernehmen.

Herausgeber:
Gregor Spohr,
Dr. Wolfgang Schulze
Texte: Dr. Wolfgang Schulze
Fotos: Wolfgang Quickels
Karten: Stadtplanwerk Ruhrgebiet, gemeinsam bearbeitet
von den Ruhrgebietsstädten
und vom Kommunalverband
Ruhrgebiet
Computerkartographie
Heike Carrle, München
Gestaltung: Gregor Spohr
Lithografie:
Repro Wuchert Computer
Publishing GmbH, Bochum
Herstellung:
Druckerei und Verlag Peter
Pomp GmbH, Bottrop
1. Auflage 1998
2. Auflage 2001
Copyright 1998: Verlag
Peter Pomp, Bottrop · Essen
Titel: Schiffshebewerk
Henrichenburg, Waltrop
Vorsatz: Papiermühlenschleuse, Essen
ISBN 3-89355-167-0

Autoren

Gregor Spohr
ist Journalist und leitet die Redaktion einer Tageszeitung im
Ruhrgebiet. Als Herausgeber veröffentlichte er die Stadtbücher
Herten, Düsseldorf, Bottrop und Dortmund sowie die Bildbände
„Romantisches Ruhrgebiet – Burgen, Schlösser, Herrenhäuser,
– Industriekultur zwischen Fachwerk und Fördertürmen, – Kirchen
und Klöster".

Dr. Wolfgang Schulze
ist Jurist und hat zahlreiche Bücher zu regionalgeschichtlichen
Themen verfasst, unter anderem „Bewegte Zeiten – Erzählte Geschichte des Ruhrgebietes" und „Das große Essener Sagenbuch".
Als Kenner des Ruhrgebietes ist er auch Autor der Bildbände
„Romantisches Ruhrgebiet", „Im Flug über das Ruhrgebiet" und
„Das Ruhrgebiet. Ein starkes Stück Deutschland im Bild".

Schöne Stätten der Industriekultur

Der
Revier-Freizeitführer
von
Gregor Spohr
und
Wolfgang Schulze

Inhalt

Vorwort

„Ein Mythos steht auf!", so titelte 1997 der Infodienst der Internationalen Bauausstellung Emscher Park, als erstmals ein „Masterplan" vorgestellt wurde, der dem Ruhrgebiet helfen soll, sich in den deutschen Erlebnis- und Städtetourismus einzumischen. Unter dem Stichpunkt „Angebotsprofilierung" stehen hierbei die Industriedenkmäler des Ruhrgebietes an erster Stelle. Und in der Tat: wohl kaum eine andere Region der Welt hat ein so vielfältiges, vollständiges und repräsentatives Ensemble von Hinterlassenschaften der industriellen Revolution des 19. Jahrhunderts auf vergleichsweise engem Raum versammelt. So ist es durchaus vorstellbar, dass das anspruchsvolle Ziel unter anderem dadurch erreicht werden kann, dass in einer breiten – überregionalen – Öffentlichkeit das Bewusstsein beispielsweise für die Ästhetik und die Architektur industrieller Bauten geweckt wird.

Mit dem vorliegenden Bändchen stellen wir zum zweiten Male schöne Industriedenkmäler des Ruhrgebietes vor. Bereits 1996 haben wir dies in dieser Reihe unter der Überschrift „Schöne alte Zechen" getan. Nun geht es um andere Objekte wie zu Erlebnislandschaften umgestaltete Hochofenanlagen, „erwanderbare" Arbeitersiedlungen, Schleusen, Schiffshebewerke, eine zum Museum umfunktionierte Zinkfabrik oder eine Baumwollspinnerei.

Lassen Sie sich überraschen von den Denkmälern der Industriekultur, die so vielfältig sind wie die Landschaft selbst. Gehen Sie auf Entdeckungsreise in die Welt vergangener Arbeit, eine Welt, die heute noch eine ganz eigene Faszination ausstrahlt. Viel Freude bei dieser neuen Form des Tourismus!

Wolfgang Schulze
Gregor Spohr

„Kappeskolonie" der Zeche Hannover

Auf den ersten Blick nicht spektakulär, aber ungemein liebenswert, architekturgeschichtlich hochinteressant und vor allem „typisch Ruhrgebiet", das ist die Bergmannskolonie „Dahlhauser Heide", die zwischen 1907 und 1910 im heutigen Bochumer Stadtteil Hordel, unweit der Krupp-Zeche Hannover, auf dem Gelände des ehemaligen Rittergutes Dahlhausen (heute Reiterhof mit Gaststätte – Zufahrt Berthastraße) entstand. Die Pläne waren von dem Essener Architekten Robert Schmohl entworfen worden, der auf der von dem Engländer Ebenezer Howard entwickelten Gartenstadtidee aufbaute. Sieben Mehrfamilienhäuser und 339 Zweifamilienhäuser wurden hier abwechslungsreich zwischen Grünzonen, Plätzen und Kleingärten angelegt. Die „Kappeskolonie", wie sie im Volksmund heißt, gehört heute zum Westfälischen Industriemuseum und ist inzwischen gründlich restauriert und rekonstruiert worden. Die gewundenen Straßenführungen passen sich dem natürlichen Geländeverlauf an; die teilweise noch original erhaltene Fachwerkarchitektur unterstreicht den angestrebten dörflichen Charakter, die gewollte Idylle, die früher einen Ausgleich zur harten Arbeitswelt der Bergleute bilden sollte. Auffällig sind die vielfach breiten und sehr tief gezogenen Giebel, die an Bauernhäuser aus dem benachbarten Münsterland erinnern. Teilweise recht eigentümlich klingende Straßennamen wie Finefraustraße, Muschelbank oder Sechs-Schwestern-Straße sind nach gleichnamigen Steinkohlefeldern der ehemals benachbarten Zeche Hannover entstanden.

Unsere Tipps

- Moderne Stahlkunst in historischem Ambiente: 1979 wurde in der Siedlung der „Lebensbaum" des jugoslawischen Künstlers Ivan Kozaric aufgestellt (Hordeler Heide/Sonnenscheinstraße).
- Erinnerung an die Zechenvergangenheit: die neben einer Bushaltestelle stehende alte Seilscheibe. Gegenüber: kleiner Park mit Kinderspielplatz (Wasserbankstraße/Hordeler Heide).
- Nicht übersehen: Vor manchen Häusern stehen „Hunde", alte Wagen, in denen unter Tage die Kohle transportiert wurde.
- Unbedingt einen Besuch wert: die Reste der ab 1856 entstandenen und 1973 stillgelegten Zeche Hannover (33 Meter hoher Malakoffturm von 1856, Maschinenhaus mit Doppelkolben-Dampffördermaschine von 1892 und Lüftergebäude aus den 1930er Jahren).
- Erholsam: Spaziergänge im nahen, großzügig angelegten und sehr gepflegten Volksgarten Eickel. Erfrischungen und mehr gibt es hier im „Parkhaus Bäumer" (Zufahrt Reichsstraße).

Nördlich aus Richtung Eickel über Berthastraße, Bochum-Hordel.

Südlich aus Richtung Bochum-City über Dinnendahlstraße, Bochum-Hordel.

🚊 Straßenbahn 306 ab Bochum Hbf. bis Haltestelle „Lohstraße" (12 Min), dann mit Bus 368 bis Haltestelle „Hordeler Heide".

🚲 Südlicher Emscher-Park-Radweg (EPR), östlich Kreuzung mit R27: ab Schragmüllerstraße Richtung Dahlhauser Heide.

🏛 Zeche Hannover I/II/V, Hannoverstraße/Günnigfelder Straße, Bochum-Hordel, Besichtigung nach Vereinbarung: Westfälisches Industriemuseum Dortmund, Tel. 02 31 / 6 96 10.

✕ Gaststätte Gut Dahlhausen, Berthastraße 8, Tel. 02 34 / 52 18 19, tgl. 17 – 22 Uhr.

☞ Volkspark Eickel, Reichsstraße/Burgstraße, Herne-Eickel, mit Parkhaus Bäumer, Reichsstraße 39, Tel. 0 23 25 / 3 12 79, tgl. 11 – 24 Uhr, außer mo, mit Biergarten.

Wissenswertes

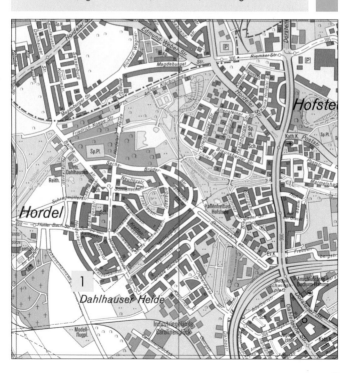

Mit dem „Dampfross" durchs Ruhrtal

Verkehrs- und Technikgeschichte zum Anfassen im Maßstab 1:1, das bietet das Eisenbahnmuseum an der Ruhr in Bochum-Dahlhausen. Zahlreiche historische Dampf- und Dieselloks, Waggons sowie Stellwerks- und Signalanlagen geben einen großartigen Einblick in die deutsche Eisenbahngeschichte. Eines der Highlights ist ein Abteilwagen des legendären „Orient-Express"; wer weiß, vielleicht hat gerade in ihm der Meisterdetektiv Hercule Poirot zwischen Paris und Konstantinopel ermittelt? Angesiedelt ist das Eisenbahnmuseum im historischen Betriebswerk der Königlich-Preußischen Eisenbahn von 1916. U. a. denkmalgeschützt sind der 14-ständige Ringlokschuppen, die Drehscheibe, die Bekohlungsanlage und der Wasserturm. An jedem ersten Sonntag im Monat (April – Oktober) kann man mit dem Museumszug in alten Abteilwagen, gezogen von einem „Dampfross", eine Fahrt durch das schöne Ruhrtal zwischen Hattingen und Oberwengern genießen. Außerdem besteht die Möglichkeit, mit der Feldbahn das Museumsgelände zu befahren oder im Führerstand einer Dampflok Nostalgie zu erleben.

Unsere Tipps

- Zeuge aus der Zeit der Ruhrschifffahrt: die Dahlhauser Schleuse von 1815, wichtig für den Kohletransport ruhrabwärts.

- Baudenkmal besonderer Art: der denkmalgeschützte Feuerwehrturm aus Backstein mit symmetrischem Wandaufriss, schönen Rundbogenfenstern und stilisierten Putzornamenten in den Fensterbrüstungen.

- Nicht achtlos vorübergehen: das sog. Tusculum, ein bedeutendes und reizvolles Baudenkmal aus der 2. Hälfte des 19. Jahrhunderts. Hier lebte der Arzt und Dichter Ferdinand Krüger (1843–1915), berühmter Autor von Romanen und Erzählungen in westfälischer Mundart.

- Dokumentieren die Geschichte des Bergbaus im Bochumer Süden: Mundloch des alten Verladestollens der ehemaligen Zeche „Friedlicher Nachbar" von 1873 und Stollenmundloch der ehemaligen Zeche „Alter General".

Dr.-C.-Otto-Straße 191, Bochum, Tel. 02 34 / 49 25 16, mi und fr 10–17 Uhr, so und an Feiertagen 10–13 Uhr (Nov–März) bzw. 10–15 Uhr (April–Okt); Winterpause: 15. Dez–15. Jan.

Historischer Museumszug: jeden 1. So. (April–Nov) vom alten Bahnhof Hattingen bis zum Bahnhof Wengern-Ost, Abfahrtzeiten: 9.05, 11.05, 13.35, 15.35, 17.35 Uhr, jeden 3. So. (April–Okt) Dampftag im Eisenbahnmuseum.

🚋 Straßenbahn 308 ab Bochum Hbf. bis Haltestelle „Südbad", dann mit Bus 352 bis Haltestelle „Am Ruhrort" (30 Min).

🚲 R12 entlang der Ruhr; R25 und R27 kreuzen in Bochum-Dahlhausen die Dr.-C.-Otto-Straße.

🚶 Am Ruhrhöhenweg XR (Winterberg bis Duisburg).

🍴 An der Schleuse: Café Ponton, Am Stade 6, Hattingen-Dumberg, Tel. 0 23 24 / 4 25 55, Feb–Okt mo–fr 11–22 Uhr, sa und so 10–22 Uhr.

Tusculum, Hattinger Straße 863, Bochum-Dahlhausen.

☞ Stollenmundlöcher: „Friedlicher Nachbar", Lewackerstraße oberhalb Haus Nr. 202, „Alter General", Am Alten General 1, Bochum-Dahlhausen.

Wissenswertes

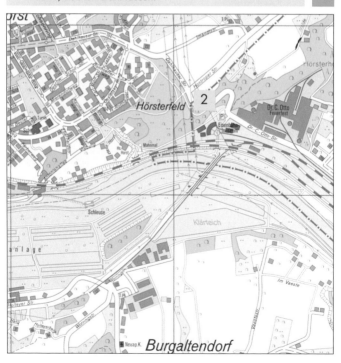

Imposante Industriekathedrale

Die Bochumer Jahrhunderthalle, die bedeutendste Industriehalle des Ruhrgebietes, repräsentiert die große Vergangenheit Bochums als Zentrum der Eisen- und Stahlverarbeitung. Von den Architekten H. Schumacher und O. Berndt bewusst als imposante Industriekathedrale konzipiert, diente sie zunächst als Pavillon des Bochumer Vereins auf der sog. „Kleinen Weltausstellung", wie die „Düsseldorfer Industrie- und Gewerbeausstellung" von 1902 augenzwinkernd genannt wurde. Nach Abschluss der Ausstellung wurde sie ein Jahr später in Bochum wiederaufgebaut und fortan als Gaszentrale genutzt. Den Kern des Hallenkomplexes bildet noch heute die dreischiffige, in sechs Joche gegliederte Halle von 71 Metern Länge und 33 Metern Breite mit einem 70 Meter hohen Glockenturm, der drei der berühmten Gussstahlglocken des Bochumer Vereins barg.

1910 entstand die östliche Querhalle, 1913 die Verlängerung der Haupthalle und 1929 die Seitenhalle. Die von außen eher schmucklose Jahrhunderthalle hat im Inneren ihren stimmungsvollen, festlichen, ja vornehmen Charakter bewahrt und wird nicht zuletzt deshalb gerne für kulturelle Veranstaltungen genutzt, u. a. für Konzerte der angesehenen Bochumer Symphoniker.

Unsere Tipps

- Grubenfahrt für jedermann im Deutschen Bergbau-Museum Bochum, dem weltweit bedeutendsten Fachmuseum, das sich mit der Gesamtgeschichte des Bergbaus befasst.

- Westlich der Jahrhunderthalle eindrucksvolle Kunst im öffentlichen Raum: die Krupp-Stahlplastik an der Essener Straße, entworfen von Friedrich Gräsel.

- Nur wenige Kilometer noch weiter westlich: Heimatmuseum Helfs Hof in Wattenscheid-Sevinghausen. Diese idyllisch gelegene Hofanlage stammt in ihrer heutigen Gestalt aus dem 16. Jahrhundert und beherbergt eine schöne Sammlung bäuerlicher Möbel, Ölbilder, Porzellan, Küchen- und Gartengeräte aus vorindustrieller Zeit. Lohnenswert.

- Nicht übersehen: In der Nähe der Zufahrt zu Helfs Hof steht die kleine Pilgerkapelle St. Bartholomäus (Bauzustand von 1661), die spätestens seit dem 14. Jahrhundert als Station auf einem der berühmten Pilgerwege zum Grabe des Heiligen Jakobus in Santiago de Compostella in Spanien diente.

Alleestraße, Bochum-Stahlhausen; Besichtigung nach Vereinbarung: Ruhrlandhallen, Tel. 02 34 / 9 59 18 12.

🚌 Straßenbahnen 302 und 310 oder Bus 345 ab Bochum Hbf. bis Haltestelle „Jacob-Mayer-Straße" (7 Min).

🚲 östlich des R27, kreuzt Alleestraße.

🏛 Deutsches Bergbau-Museum Bochum, Am Bergbaumuseum 28, Bochum-Mitte, Tel. 02 34 / 5 87 70, di–fr 8.30–17.30 Uhr, sa, so und feiertags 10–16 Uhr.

Heimatmuseum Helfs Hof, In den Höfen 37, Bochum-Wattenscheid, Tel. 0 23 27 / 3 31 50, mi 10–13 Uhr und 15–19 Uhr, sa, so 11–19 Uhr.

✕ Parkschlößchen, Bergstraße 15, 44791 Bochum, Tel. 02 34 / 58 14 40, geöffnet tgl. 12–23 Uhr.

☞ Pilgerkapelle St. Bartholomäus, Wattenscheider Hellweg, Bochum-Wattenscheid;

☞ Stadtpark Bochum mit Tierpark, Klinikstraße 49, Tel. 02 34 / 95 02 90, ganzjährig geöffnet: Tgl. 9–18 Uhr, Park geöffnet bis 19 Uhr.

Wissenswertes

Wirtschaftsfaktor Ruhr – einst und heute

Eine der 16 Schleusen, die auf Initiative Friedrichs des Großen um 1780 zur Schiffbarmachung der Ruhr angelegt wurden, kann heute noch in Bochum-Stiepel bewundert werden – ein wichtiges Industriedenkmal, denn erst durch diese Maßnahme, die seinerzeit ungeheure Summen verschlang, wurde es möglich, Waren, insbesondere Kohle, auf der ganzen Länge der Ruhr von Unna bis Duisburg zu transportieren. Damit war der Weg frei für einen spürbaren Aufschwung des Kohlebergbaus an der Ruhr in der zweiten Hälfte des 18. Jahrhunderts. Erst 1889 befuhr das letzte Kohlenschiff die Ruhr; die Eisenbahn hatte sich als schneller und preisgünstiger erwiesen.

Neben der Schleuse steht seit 1910 das Turbinenpumpwerk Stiepel, in dem die Wasserkraft der Ruhr genutzt wird, um jährlich besonders kostengünstig rund 16 Millionen Kubikmeter Trinkwasser, das dem Grundwasser entnommen wird, in die Hochbehälter auf dem Berg zu pumpen. Die alten Turbinen mussten erst 1951 ersetzt werden. 1995 wurden zusätzlich zwei Generatoren in Betrieb genommen, die rund 1,1 Millionen Kilowatt elektrischer Energie im Jahr liefern.

Unsere Tipps

- Ebenso alt wie die Schleuse ist der Leinpfad (Treidelpfad), der an der Ruhr entlangführt. Früher schleppten auf ihm Treidelpferde an langen Leinen die Kohletransportkähne, die sog. „Aaken", flussaufwärts. Heute dient er als idealer Wanderweg.
- Ebenfalls Relikt aus der Zeit der Kohleschifffahrt: die alte Schmiede „Kamplade" an der Brockhauser Straße 105. Hier wurde neben landwirtschaftlichen und bergbaulichen Gerätschaften auch Zubehör für die Ruhrschiffe angefertigt.
- Kulturgeschichtlich bedeutsam: die Stiepeler Dorfkirche (erbaut Anfang des 11. Jahrhunderts, heutiger Bauzustand 12./13. Jahrhundert) mit wertvollen Wand- und Gewölbefresken aus dem 12. bis 16. Jahrhundert, die erst 1951 entdeckt wurden. Um die Kirche: Friedhof mit historischen Grabmälern, teilweise noch aus der Zeit um 1600.
- Wassersport und vieles mehr im Freizeitzentrum Kemnade.
- Für Liebhaber alter Burgen sehenswert in der Nähe: Wasserburg Kemnade (17. Jh.), Burg Blankenstein (13. Jh.) und die Hattinger Isenburg (12. Jh.).

🚇 Zufahrt über Brockhauser Straße, Bochum-Stiepel.

🚋 CE 31 ab BO Hbf. bis Haltestelle „Stiepel Dorf" (20 Min).

🚲 Vom R12 (Ruhrtalweg) auf EN2 Richtung Ruhr.

🚶 Wanderweg „Leinpfad" entlang der Ruhr zwischen Blankenstein (Hattingen) und Kemnader See.

🏛 Haus Kemnade, An der Kemnade 10, Hattingen, Tel. 0 23 24 / 3 02 68, di 9 – 15 Uhr, mi – fr 13 – 19 Uhr, sa – so 11 – 18 Uhr.
Bauernhausmuseum, di 9 – 15 Uhr, mi – fr 13 – 19 Uhr, sa, so 11 – 18 Uhr (Mai – Okt).

✕ Zur Alten Fähre, An der Alten Fähre 4, 44797 Bochum, Tel. 02 34 / 79 11 60, Di Ruhetag, geöffnet ab 12 Uhr.
Landgasthof „Zum Ruhrtal", Hevener Straße 335, Bochum-Querenburg, tgl. ab 11.30 Uhr geöffnet, im Winter mo – mi, fr 15 – 22 Uhr, sa, so, feiertags 11.30 bis 22 Uhr.

☞ Am Kemnader See: Freizeitbad Heveney, Querenburger Straße 29, Witten-Heven, Tel. 0 23 02 / 2 01 20, mo – fr 9 – 22 Uhr, sa, so 9 – 21 Uhr; Schiffsfahrten: „MS Kemnade", Tel. 0 23 30 / 41 75, und „MS Schwalbe", Tel. 0 23 02 / 9 17 37 01, Apr – Nov.

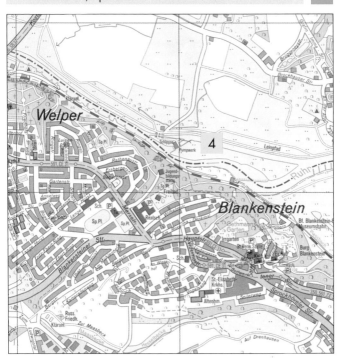

Viel Grün für die Kumpel

Historische Arbeitersiedlungen gehören zweifellos zu den wichtigen Denkmälern, die aus der Zeit der Hochindustrialisierung übergekommen sind. Mit 1.150 Wohnungen eine der größten und gleichzeitig eine der schönsten ist die Gartenstadtsiedlung Welheim, die zwischen 1913 und 1923 in Bottrop-Boy entstand. Ihr Name erinnert an die Kommende des Deutschen Ordens, die hier 1253 gegründet wurde und bis 1809 bestand. Die Siedlung Welheim entstand nach dem Vorbild der englischen „Gartenstadtarchitektur" für die Arbeiter der ehemaligen Zeche Vereinigte Welheim (Fördereinstellung 1931). Bis heute hat sich das ursprüngliche Erscheinungsbild der Siedlung, die gegenwärtig im Rahmen der IBA Emscherpark schrittweise von Grund auf renoviert wird, kaum verändert. Die Häuser mit insgesamt einheitlichem, im Detail aber individuellem und abwechslungsreichem Äußeren, gruppieren sich um aufgelockerte und intensiv genutzte Gartenhöfe. Charakteristisch für die Straßen, Plätze und Alleen sind die vielen Grünflächen und der alte Baumbestand. Insgesamt gilt die Gartenstadtsiedlung als frühes Beispiel sozialverträglichen Arbeiterwohnungsbaus mit hoher städtebaulicher und architektonischer Qualität.

Unsere Tipps

• Nicht weit zur ungewöhnlichsten Kirche Bottrops: St. Franziskus (1962). Der Architekt Ernst A. Burghartz wählte die Form einer Zeltkirche für das wandernde Gottesvolk.

• Unverkennbare Landmarke: das „Haldenereignis Emscherblick. Von der 65 Meter hohen „Glatze" der Bergehalde hat man einen herrlichen Rundblick. Wer noch höher hinaus will, kann den 50 Meter hohen Tetraeder von 1995 mit seinen drei Aussichtsplattformen ersteigen. Nachts angestrahlt, wird der Tetraeder zum „Lichtereignis".

• Am Fuße der Halde: die in einen Gewerbepark integrierten, schön restaurierten Restbaulichkeiten der ehemaligen, bereits 1930 stillgelegten Zechen Arenberg-Fortsetzung (Maschinenhalle mit Lohnhalle, Lokschuppen, Lampenstube, Zechenmauern). Beeindruckend: die prächtige Lohnhalle mit Jugendstilelementen.

Wissenswertes

An der B224, Welheimer Straße, Essen – Welheim.

Bus D16 ab Bottrop Hbf. bis Haltestelle „Berliner Platz – ZOB", dann mit Bus 263 bis Haltestelle „Welheimer Straße" (19 Min).

Am R25: von Johannestraße über Gungstraße Richtung Welheim.

Auf dem Emscher-Park-Wanderweg (Duisburg – Kamen).

Museumskomplex „Quadrat Bottrop", Im Stadtgarten 20, Bottrop-Zentrum, Tel. 0 20 41 / 2 97 16, mo geschlossen, di–so 10–18 Uhr.

Zeche Arenberg-Fortsetzung, Batenbrockstraße/Gabelsbergerstraße, Bottrop-Batenbrock, Lohnhalle an der Giebelseite: mo–do 8–17.30 Uhr, fr 8–15 Uhr.

Schloss Beck, Am Dornbusch 39, Bottrop-Feldhausen, Tel. 0 20 45 / 51 34, März–Okt tgl. 9–18 Uhr.

Nördlich: Warner Bros. Movie World, Warner Allee 1, Bottrop-Kirchhellen, Tel. 0 20 45 / 89 90, Juli–Aug tgl. 9–21 Uhr, Sept–Okt mo–fr 10–18 Uhr, sa, so 10–19 Uhr.

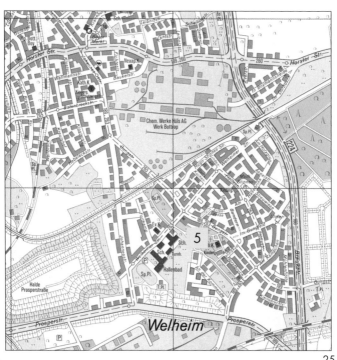

Originalmodelle im Original

Zur Wassermühle Hiesfeld gehören zwei Gebäude: das 1693 errichtete eingeschossige Fachwerkhaus, in dem ein in der Nähe von Kalkar entdecktes Mahlwerk zu bewundern ist, und das gegen Ende des 19. Jahrhunderts entstandene Backsteinhaus auf der gegenüberliegenden Seite des Rotbaches. Hier ist auf drei Etagen ein hochinteressantes Mühlenmuseum untergebracht, das auf 200 Quadratmetern Ausstellungsfläche originalgetreue, zum größten Teil funktionsfähige Modelle von Wasser- und Windmühlen in Maßstäben von 1:20 bis 1:28 zeigt. Blickfang zwischen beiden Mühlengebäuden ist das mächtige unterschlächtige Wasserrad, das in seiner Höhe bis an den Walm des Fachwerkhauses heranragt. Das schöne Denkmalensemble aus frühindustrieller Zeit ist in der Vergangenheit durch einen privaten Förderverein erhalten, renoviert und gepflegt worden. Wie man sieht, hat sich die Mühe gelohnt.

Unsere Tipps

- Unerlässlich für Mühlenfreunde: ein Besuch der niederländischen Turmwindmühle, die ganz in der Nähe an der Sterkrader Straße zu finden ist. Übrigens: ein originalgetreues Modell dieser Turmwindmühle ist eines der Prachtstücke des Mühlenmuseums.

- Schöner Wanderweg entlang des Rotbaches durch Dinslakens City bis zum Rhein.

- Im Stadtzentrum: Burg Dinslaken (12./15. Jahrhundert) mit Rathaus, Stadtarchiv und Burgtheater, dessen Freilichtbühne zu den schönsten Deutschlands zählt.

- Außerdem: Museum im Voswinkelshof; ein alter Landadelssitz bietet den historischen Rahmen für das Heimatmuseum mit Schwerpunkt bäuerliches und bürgerliches Leben.

- Und schließlich: St. Vincentius, eine gotische Hallenkirche von 1450, nach Zerstörungen im 2. Weltkrieg wiederaufgebaut; besonders wertvoll: der flämische Hochaltar von 1490.

Am Freibad 3, Dinslaken, Tel. 0 20 64 / 9 41 88, Mai–Okt
so 10.30–12.30 Uhr.

🚌 Bus 17 ab Dinslaken Hbf. bis Haltestelle „Badeanstalt"
(11 Min).

🚲 Westlich des R10/21: ab Hülsstraße auf örtlichem Radweg
dem Rotbach entlang durch den Staatsforst Wesel Richtung
Hiesfeld bis zum Freibad.

🚶 X21: Wanderweg ab Dinslaken Bf. den Rotbach entlang bis
zur Kirchheller Heide; Wanderungen rund um den benachbarten Rotbachsee und dem Staatsforst Wesel.

✕ Restaurant „Haus Hiesfeld", Kirchstraße 125, Dinslaken-
Hiesfeld, Tel. 0 20 64 / 9 40 00, di–sa 19 Uhr (Küche).

☞ Burg Dinslaken, Burgplatz, Dinslaken-Zentrum.

☞ Kirche St. Vincentus, Kirchplatz 1, Dinslaken-Zentrum.

☞ Freibad Hiesfeld, Kirchstraße 124, Tel. 0 20 64 / 9 04 57,
Mai–Aug tgl. 6.30–20 Uhr.

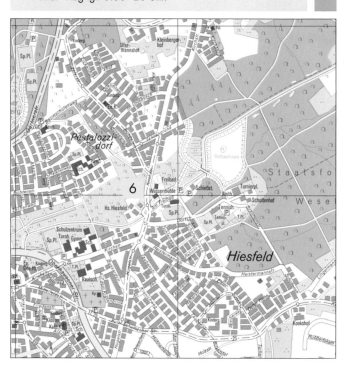

Immer noch mahlfähig

Wie alt sie wirklich ist, das weiß man nicht so genau. Jedenfalls gab es die Tüshaus-Mühle schon vor 1615. In jenem Jahre pachtete sie dann ein gewisser „Tüshaus" von den Herren von Lembeck und betrieb sie fortan als Walkmühle; bis 1880 wurde hier rohes Schafwollgewebe gewalkt, das man anschließend zu Loden oder Filz verarbeitete. Zwischenzeitlich, ab 1754, wurde die Anlage mit einem zweiten Mühlrad zusätzlich als Ölmühle genutzt; aus Früchten wie Bucheckern, Raps oder Nüssen presste man bis 1948 Öl, zuletzt mit einer von einer Wasserturbine angetriebenen Hydraulikölmühle, die heute noch funktionsfähig vorhanden ist. Wiederum in der Zwischenzeit, seit 1890, wurde im Dachgeschoss eine Kornmühle eingerichtet, für deren Betrieb seit 1908 ein wassergetriebener Generator sorgte. Erst 1970 wurde die Tüshaus-Mühle mit der Pensionierung des letzten Müllers aus wirtschaftlichen Gründen stillgelegt. Doch als Öl- und Kornmühle ist sie nach wie vor betriebsfähig – ein bedeutendes handwerksgeschichtliches Denkmal, welches sorgfältig restauriert an seinem Entstehungsort überdauert hat.

Unsere Tipps

• Abstecher zum Wohnsitz des ehemaligen Herren der Tüshaus-Mühle: Wasserschloss Lembeck, eine prächtige westfälische Anlage des Frühbarock, erbaut zwischen 1670 und 1692. Daneben: englischer Landschaftsgarten, berühmt für seine Rhododendren. Hotel/Restaurant im Schloss sowie das Museum Schloss Lembeck, dessen Hauptattraktion der barocke Festsaal ist, der 1726 von dem berühmten westfälischen Baumeister Johann Conrad Schlaun ausgestattet wurde. Schwerpunkt der Sammlung: Wohnkultur des Barock, des Rokoko und des Biedermeier (16. – 19. Jahrhundert).

• Mehr Geschichtliches im Zentrum von Dorsten: altes Rathaus (früher Stadtwaage) von 1567 (1797 klassizistisch erweitert) mit Heimatmuseum am hübsch gestalteten Marktplatz.

• Neu und wichtig: Jüdisches Museum Westfalen, seit 1992 als Dokumentationszentrum für jüdische Geschichte und Religion sowie als soziokulturelles Begegnungszentrum eröffnet.

Weseler Straße 433, Dorsten, Tel. 0 23 62 / 7 27 00 und 6 6 40 52, Besichtigung nach Vereinbarung.

🚌 Von Dorsten Bf. Fußweg (2 Min) zum ZOB Dorsten, mit Bus 294 bis Haltestelle „Birkenklause", dann mit SB 26 bis Haltestelle „Deuten Mitte" (45 Min.).

🚲 In der Nähe: X17 (von Dorsten-Deuten nach Dülmen).

🏛 Altes Rathaus, „Alte Stadtwaage", Markt 1, Dorsten-Altstadt, Tel. 0 23 62 / 2 57 25, di–so 15–18 Uhr, sa 10–13 Uhr.

Jüdisches Museum, Julius-Ambrunn-Straße 1, Dorsten-Altstadt, Tel. 0 23 62 / 4 52 79, di–fr 10–12 Uhr und 15–18 Uhr, sa, so, feiertags 14–17 Uhr.

☞ Schloss Lembeck, Wulfener Straße, Schloss 1, Dorsten-Lembeck, Tel. 0 23 69 / 7 1 67 und 75 00, mit Schloss- und Kunstmuseum Lembeck, März–Nov tgl. 9–17 Uhr, und Rhododendrenpark.

✕ Restaurant Henschel, Borkener Straße 47, Dorsten-Hervest/Holsterhausen, Tel. 0 23 62 / 6 26 70, di–fr 12–14 Uhr di–so 18.30–22 Uhr.

Wissenswertes

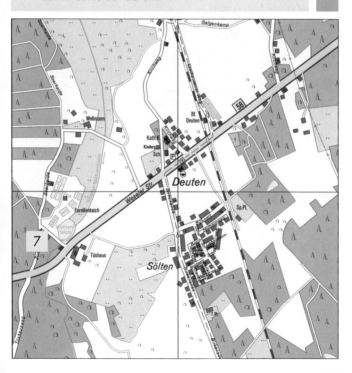

Kaiserliches am Hafen

Am 11. August 1899 war Kaisertag in Dortmund. Kaiser Wilhelm II. war persönlich erschienen, um den Dortmund-Ems-Kanal, die langersehnte Schifffahrtsverbindung zwischen dem Großraum Dortmund und Emden, einzuweihen. Gleichzeitig wurde vom Kaiser der Dortmunder Hafen feierlich eröffnet. Heute, rund 100 Jahre später, ist er zum größten Kanalhafen Europas geworden. Sein Wahrzeichen, das in Nachahmung der Barockarchitektur norddeutscher und niederländischer Küstenstädte errichtete Alte Hafenamt, ist das einzige Hafenbauwerk, das sich seit 1899 erhalten hat. Bis 1962 diente es als Verwaltungssitz der Dortmunder Hafen AG. Inzwischen ist es restauriert und wieder in seinen ursprünglichen Zustand von 1899 versetzt worden, einschließlich des getäfelten „Kaiserzimmers", in dem Wilhelm II. seinerzeit die Hafeneröffnung formell beurkunden sollte. Allerdings hat er diesen Raum nie betreten. Heute ist in dem historischen Gebäude die ständige Ausstellung „Hafen und Schifffahrt" zu besichtigen, in der man sich über Geschichte und Gegenwart des Dortmunder Hafens und des Kanalsystems im Ruhrgebiet informieren kann. Neben Hafen- und Schiffsmodellen, Karten und historischen Exponaten ist der im Original aufgebaute Schiffsführerstand von besonderem Interesse.

Unsere Tipps

- Im Hafen wird abgelegt: Schiffstouren mit der „Santa Monika" über den Dortmund-Ems-Kanal, u. a. zum Schleusenpark Henrichenburg.

- Erholung und Vergnügen im Freizeitpark Fredenbaum mit Gartenlokal „Schmiedingslust". Östlich des Parks: Museum für Naturkunde – Sammlung zur Geologie, Paläontologie, Mineralogie, Zoologie und Botanik.

- Industriekultur im Wiederaufbau: Neue Evinger Mitte mit den denkmalgeschützten Tagesanlagen der ehemaligen Zeche „Minister Stein". Nicht unbeachtet lassen: das alte Wohlfahrtsgebäude (erbaut 1903–1905 in historisierendem Stil) in der Nähe des Nollendorfer Platzes.

- Für Unermüdliche: Zeche Zollern II/IV in Dortmund-Bövinghausen, Bergbauikone des Ruhrgebietes. Toll restaurierte Tagesanlagen. Prunkstück: die Maschinenhalle mit wunderschönen Jugendstilelementen aus der Zeit um 1900.

Wissenswertes

Sunderweg 130, Dortmund-Mitte, Tel. 02 31 / 9 83 96 83, Ausstellung über Hafen und Schifffahrt: sa 14–17 Uhr, so 10–13 Uhr, für Gruppenführungen auch andere Termine.

🚇 U-Bahn U47 ab Dortmund Hbf. bis Haltestelle „Dortmund Hafen" (4 Min).

🚲 Westlich R33, ab Kleingartenanlage Fredenbaum auf örtlichem Radweg am Freizeitpark Fredenbaum vorbei Richtung Hafen.

🏛 Museum für Naturkunde Dortmund, Münsterstraße 271, Tel. 02 31 / 5 02 48 56, di–so 10–17 Uhr.

Zeche Zollern II/IV: Westfälisches Industriemuseum, Grubenweg 5, Dortmund-Bövinghausen, Tel. 02 31 / 6 96 10, di–so 10–18 Uhr.

✗ Gaststätte „Schmiedingslust" im Freizeitpark Fredenbaum, Westerholz 45, Tel. 02 31 / 81 12 75, sa–do 12–23 Uhr, mit Biergarten unter 100 Jahre alten Platanen.

☞ Schiffstouren mit der „Santa Monika", Tel. 0 23 81 / 5 72 28 oder 0 23 81 / 46 04 44.

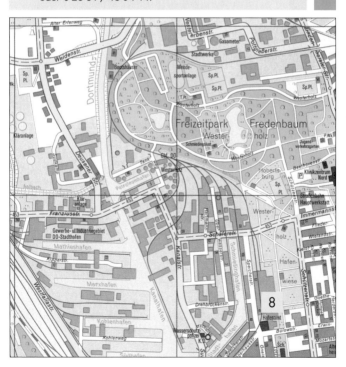

9

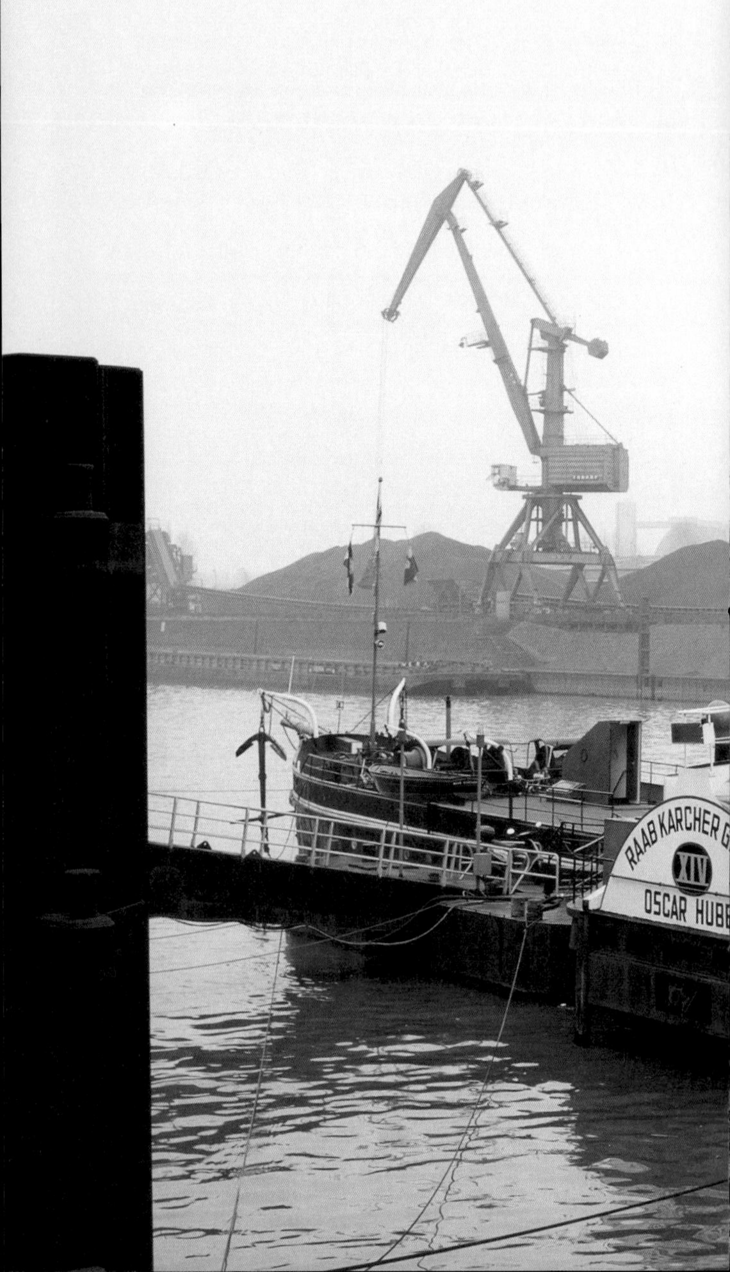

Größter Binnen-
hafen der Welt

Bereits 1715 wurde in Ruhrort das erste Hafenbecken zum Schutze von Schiffen gegen Hochwasser, Eisgang und Sturm angelegt. Die aufstrebende Industrialisierung des Ruhrgebietes und die Entwicklung der Dampfschleppschifffahrt förderten den Massenverkehr auf dem Rhein. 1847/48 wurden die Duisburger und Ruhrorter Hafenanlagen an die entstehenden Eisenbahnlinien angeschlossen. Bis heute hat sich der Rhein-Ruhr Hafen Duisburg zum größten Binnenhafen der Welt (nur 250 Kilometer von der offenen See entfernt)

und zur Drehscheibe für den internationalen Güterverkehr entwickelt. Gewachsen als Hafen für Massengüter wie Erze, Schrotte, Kohle, Getreide, Baustoffe, Mineralöle und Chemikalien präsentiert er sich heute als multifunktionales Dienstleistungs- und Handelszentrum, in dessen öffentlichen und werkseigenen Häfen jährlich 40 bis 50 Millionen Tonnen umgeschlagen werden. Es ist kaum vorstellbar, dass die Entwicklung des Ruhrgebietes zur Industrieregion in der bekannten Weise stattgefunden hätte, hätte es nicht das „Tor zur Welt" in Duisburg gegeben. Die riesigen Hafenanlagen bilden also heute schon ein erstrangiges industriehistorisches Denkmal, das jederzeit wert ist, besucht zu werden.

Unsere Tipps

- Beliebtester Ausgangspunkt für Hafenbesichtigungen: der „Hafenmund", ein Hafenbecken an der Dammstraße.

- Hauptattraktion Duisburgs: Rundfahrt mit der „Weißen Flotte" durch die Hafenanlagen (1–2 Stunden). An flussgängigen Seeschiffen, hochaufragenden Kränen und Verladebrücken und fußballfeldgroßen Lagerhallen vorbeizuschippern, das heißt Welthandel hautnah zu erleben. Anlegestelle am „Hafenmund".

- Nach der Hafenrundfahrt: Speisen im historischen Restaurant „Schifferbörse", wo früher Schiffsfracht- und Schleppgeschäfte abgeschlossen wurden.

- Schiffsgeschichte – begehbar und zum Anfassen: Die Museumsschiffe „Oscar Huber" (Seitenradschleppdampfer, Baujahr 1921/22) und „Minden" (Eimerkettendampfbagger, Baujahr 1882) liegen im „Hafenmund" vor Anker. An Land: ein Dampfkran (Baujahr 1897). Das historische Ensemble gehört zum großartigen „Museum der Deutschen Binnenschifffahrt", das ganz in der Nähe zu finden ist (vgl. die Folgeseiten unter „Packhaus Haniel").

Dammstraße/Krausstraße, Duisburg-Ruhrort.

🚊 Straßenbahn 901 ab Duisburg Hbf. bis Haltestelle „Friedrichplatz", dann mit Bus 907 bis Haltestelle Anlegerstelle Mühlenweide (17 Min).

🚲 R19 führt direkt am Hafenmund entlang, kreuzt R12. Duisburger Hafen für Nordroute des Emscher-Park-Radweges (Duisburg – Hamm) Startpunkt: Bahnhof Duisburg-Ruhrort.

🏛 Museumsschiffe „Oscar Huber" und Eimerkettendampfbagger „Minden", Apostelstraße 84, Duisburg-Ruhrort, Tel. 02 03 / 2 83 43 04, di – so 10 – 17 Uhr.

✕ Gaststätte „Schifferbörse", Dammstraße 31, Duisburg-Ruhrort, Tel. 02 03 / 80 85 70, mo – so 11 – 22 Uhr (Küche 12 – 15 Uhr und 18 – 22 Uhr).

☞ „Weiße Flotte": Duisburger Hafenrundfahrtgesellschaft, Tel. 02 03 / 6 04 44 45 oder 6 04 44 48; von Apr – Okt; Anlegestelle „Schifferbörse", Duisburg-Ruhrort, Anlegestelle „Schwanentor", Duisburg-Stadtmitte, Anlegestelle „Rheingarten", Duisburg-Homberg.

Wissenswertes

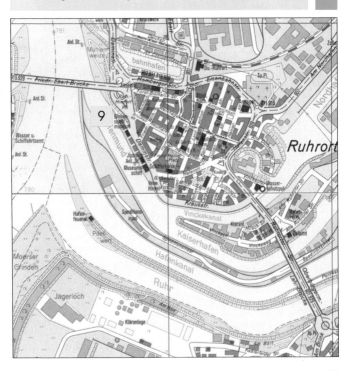

Keimzelle eines Imperiums

Man schrieb das Jahr 1756, als der preußische König Friedrich II. dem Händler Jan Willem Noot die Genehmigung erteilte, eines der ersten fünf Häuser außerhalb der Ruhrorter Stadtmauer zu bauen. So entstand das in neun Fensterachsen gegliederte dreigeschossige Haus, das nur im Erdgeschoss dem Wohnen diente und ansonsten als Lager genutzt wurde. Es gilt heute als ältestes Gebäude Ruhrorts und gleichzeitig als „Stammhaus" des Haniel-Konzerns, denn Jan Willem Noots Enkel, Franz Haniel (1779– 1868), übernahm im Jahre 1808 das Handels- und Speditionsgeschäft von seinem Großvater und schuf innerhalb weniger Jahrzehnte ein Unternehmens-Imperium auf den Sektoren Handel, Eisen- und Stahlindustrie, Rhein- und Seeschifffahrt sowie Bergwerksunternehmen.

Seit 1968 ist in dem alten Packhaus, zu dem die Waren früher über einen Stichkanal von der Ruhr, der vor dem Haus endete, gebracht wurden, das Haniel-Firmenmuseum untergebracht. Auf vier Etagen werden in beeindruckender Zahl Karten, Bilder, Möbel, Modelle und Gegenstände zu den Themen Handel, See- und Binnenschifffahrt, Bergbau, Eisen- und Stahlindustrie, Spedition und sogar zur Pharmazie gezeigt.

Unsere Tipps

- Außerdem sehr sehenswert: das Museum der Deutschen Binnenschifffahrt, welches quasi „gegenüber" in einem denkmalgeschützten Jugendstilbau, dem ehemaligen Ruhrorter Hallenbad, untergebracht ist. Das Hallenbad wurde zwischen 1908 und 1910 erbaut und diente damals der hygienischen Grundversorgung der schnell wachsenden Bevölkerung. Heute dümpelt eine Original-Tjalk im ehemaligen Herrenschwimmbad. Im Übrigen sind die schönen Exponate u. a. unter Beteiligung des amerikanischen Künstlers Ron Bernstein so präsentiert, dass sie aus drei Ebenen betrachtet werden können. Der angrenzende frühere Eisenbahnhafen wurde in einen Museums- und Yachthafen umgestaltet.

- Hat gewaltige Dimension: das berühmte „Tausend-Fenster-Haus" von 1928, heute Dienstleistungszentrum „Haus Ruhrort".

Franz-Haniel-Platz 2–3, Duisburg-Ruhrort, Tel. 02 03 / 80 64 18, Besichtigung nach Vereinbarung.

🚋 Straßenbahn 901 ab Duisburg Hbf. bis Haltestelle „Karl-straße" (11 Min).

🚲 Am R19/12 und am nördlichen Emscher-Park-Radweg in Ruhrort.

🏛 Museum der Deutschen Binnenschifffahrt, Apostelstraße 84, Tel. 02 03 / 80 88 90, tgl. 10 – 17 Uhr. Mo geschlossen.

Kultur- und Stadthistorisches Museum, Museum Stadt Königsberg, Johannes-Corputius-Platz 1, Tel. 02 03 / 2 83 26 40, di, mi, do, sa 10–17 Uhr, fr 10–14 Uhr, so 10–18 Uhr, am neu gestalteten Innenstadthafen Duisburg. Mo geschlossen.

☞ „Tausend-Fenster-Haus": Dienstleistungszentrum „Haus Ruhrort", Ruhrorter Straße 187, Duisburg-Ruhrort.

☞ Skulptur „Rheinorange" am Zusammenfluss von Rhein und Ruhr, über „Ruhrdeich" und „Am Bört" erreichbar.

Wissenswertes

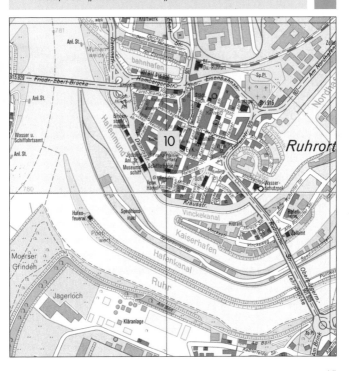

„Apotheke des Ruhrgebietes"

August Thyssen gründete das Hüttenwerk, das zwischen 1902 und 1908 im damals noch ländlichen Meiderich entstand. Das Hochofenwerk produzierte in erster Linie Spezialroheisen und wurde deshalb landläufig „Apotheke des Ruhrgebietes" genannt. Von den ehemals „heißen", 1985 stillgelegten Produktionsstätten ist dank einer IBA-Initiative viel „kalter" Stahl erhalten geblieben, so drei Hochöfen mit zahllosen Nebenanlagen. Heute bilden diese gewaltigen Stahlwerkrelikte nicht nur eines der bedeutendsten Industriedenkmäler des Ruhrgebietes, sondern sind auch zu einem einmaligen Freizeit-, Erlebnis- und Erholungsraum geworden: Kinder und Jugendliche klettern in dem zum Gerüst umgebauten Maschinenhaus herum oder rutschen in einen riesigen Vorratsbunker hinein! Dort, wo früher „malocht" wurde, gibt es heute Trainingsgelände für Sporttaucher, Freeclimber und Hundeschlittenführer, und das Gebäudeensemble von Gasgebläsehalle, Pumpenhaus, Hochofengießhalle und Sinteranlage ist inzwischen zu einem ungewöhnlichen Veranstaltungszentrum für Musik und Theater ausgebaut worden. Dies alles ist unter dem Oberbegriff „Landschaftspark Duisburg-Nord" entwickelt worden, wozu auch die vorsichtige Erschließung der naturbelassenen Vegetation gehört, die sich in den zurückliegenden Jahren die angrenzende große Brachfläche von der Industrie zurückerobert hat.

Unsere Tipps

- Sehr lebendig und anschaulich: Führungen durch das alte Hochofenwerk, die teilweise von ehemaligen Betriebsangehörigen geleitet werden. Ausgangspunkt: die „Alte Verwaltung" an der Lösorter Straße. Hier gibt es auch ein Informationsbüro mit Literatur, Prospekten und Souvenirs.

- Für Einzelgänger: der „Industriegeschichtliche Lehrpfad" informiert an zahlreichen Standorten des Werkes über Arbeit und Technik des Hüttenwesens und beschreibt die Funktionen von Gebäuden und Anlagen.

- „Zugänge zum Eisen" heißt eine Dauerausstellung zur Geschichte des Hüttenbetriebes im Obergeschoss des „Hüttenmagazins" (Emscherstraße 71).

- Nachts und an bestimmten Wochenenden wird das alte Hüttenwerk zum phantasievollen „Lichtereignis", wenn die vom Londoner Lichtdesigner Jonathan Park entwickelte farbige Beleuchtung eingeschaltet wird.

Im Landschaftspark Duisburg-Nord, Informationsbüro: Lösorter Straße, Tel. 02 03 / 4 29 19 42, tgl. 10 – 16 Uhr, Führungen sa, so, feiertags 14 Uhr.

Geschichtszentrum Hüttenbetrieb mit der Dauerausstellung „Zugänge zum Eisen", Emscherstraße 71, Duisburg-Hamborn, Tel. 02 03/42 64 82, mo – do 9 – 17 Uhr, fr 9 – 14 Uhr.

Straßenbahn 903 ab Duisburg Hbf. bis Haltestelle „Am Zuschlag" (20 Min).

Die Nordroute des Emscher-Park-Radweges (EPR-N) führt in West-Ost-Richtung durch den Landschaftspark.

Der Landschaftspark ist Station des Emscher-Park-Wanderweges (Duisburg – Kamen).

✕ Restaurant „Hamborner Hof", Buschstraße 23, Duisburg-Hamborn, Tel. 02 03 / 55 13 05, tgl. 12 – 14.30 Uhr und 18 – 21.30 Uhr (außer samstags).

☞ Prämonstratenserabtei, An der Abtei 2, Duisburg-Alt-Hamborn.

Wissenswertes

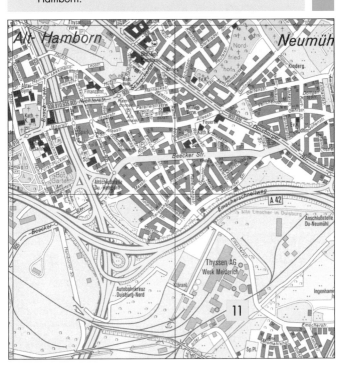

Frühindustrielle Schmiede

Der Deilbachhammer, ein Eisenschmiedehammer, der vom Wasser des Deilbachs angetrieben wurde, ist der einzige vorindustrielle Wasserhammer auf Essener Stadtgebiet, der an seinem ursprünglichen Standort erhalten ist. Obwohl er vielleicht sehr viel älter ist, geht die erste sichere Datierung des Deilbachhammers auf das Jahr 1788 zurück. Vermutlich handelte es sich zunächst um eine bäuerliche Schmiede zur Herstellung von Werkzeugen und Arbeitsgeräten, aus der sich um 1800 ein selbständiger Gewerbebetrieb entwickelte. Die 1917 stillgelegte Anlage ist gut restauriert. Die erhaltene Bausubstanz (Hammergebäude, Meisterhaus, Arbeiterhaus) stammt aus dem 18. Jahrhundert. Neben den beiden Schwanzhämmern, der Schmiede-Esse und den beiden Wasserrädern ist die Stahlschere mit einer Exzenterscheibe als Antrieb technikgeschichtlich von besonderem Wert. Der Deilbachhammer ist Herzstück der „Museumslandschaft Deilbachtal".

Unsere Tipps

- Unweit des Deilbachhammers: der sog. Kupferhammer. Hier wurde seit der Mitte des 16. Jahrhunderts Kupfererz aus dem Velberter Raum verhüttet und verarbeitet. Die Deiler Kupferhütte entwickelte sich zu einem florierenden Unternehmen mit internationalen Verbindungen und musste erst zu Beginn des Zweiten Weltkrieges 1940 aus Mangel an Rohstoffen stillgelegt werden. Die noch vorhandene Bausubstanz (Hammergebäude, Verwaltungsgebäude, Kutschenhaus) stammt aus der Zeit um 1870. Von den eigentlichen Betriebsanlagen ist nichts mehr vorhanden.

- Wurde auch vom Deilbach angetrieben: die Deiler Mühle, Essens älteste erhaltene Wassermühle. Das heutige Gebäude des erstmals 1522 erwähnten Mühlenbetriebes stammt aus dem 19. Jahrhundert. Das alte Mahlwerk der ehemaligen Korn- und Ölmühle mit seinen Holzzahnrädern ist noch im Originalzustand vollständig erhalten.

- Gehören ebenfalls zur „Museumslandschaft Deilbachtal": Betriebsgebäude der Zeche Victoria (stillgelegt 1925) und die sog. „Hundebrücke", benannt nach den „Hunten", den kleinen Kohlewagen, mit denen aus einem nahegelegenen Steinbruch im frühen 19. Jahrhundert Steine über den Deilbach transportiert wurden.

Eisenhammerweg 25, Essen-Kupferdreh; Museumsland-schaft Deilbachtal, Führungen nach Vereinbarung mit dem Ruhrlandmuseum, Tel. 02 01 / 88 84 68:

Kupferhammer: Nierenhofer Straße 8–10, Deiler Mühle: Nierenhofer Straße 22/24, Zeche Viktoria: Nierenhofer Straße 68, Hundebrücke: Voßnacker Weg.

🚆 RB 5869 ab Essen Hbf. bis zum Bahnhof Kupferdreh, dann mit Bus 177 bis zur Haltestelle „Eisenhammer" (26 Min).

🚲 Westlich R27: ab Nierenhofer Straße auf örtlichem Radweg Richtung Kupferdreh, oder: östlich R12: vom Baldeneysee Richtung Hattingen auf örtlichem Radweg ins Deilbachtal.

✕ Gaststätte mit großem Biergarten am Baldeneysee: „Fritz", Prinz-Friedrich-Straße 1, Essen-Kupferdreh, Tel. 02 01 / 75 64 08, mo – so 10 – 13 Uhr und 19 – 1 Uhr, fr + sa bis 4 Uhr.

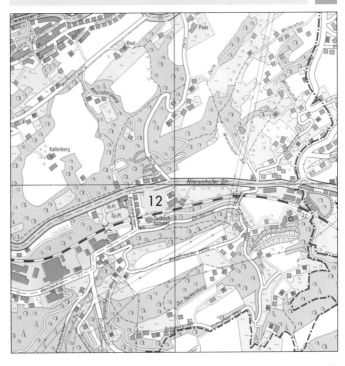

Liebenswertes Fossil

In dem sogenannten Stammhaus der Familie Krupp lebte Friedrich Krupp (1787–1826), der 1811 eine Gussstahlfabrik in Essen gegründet hatte, in den letzten drei Jahren vor seinem Tode. Er starb völlig verarmt. Erst seinem Sohn Alfred Krupp (1812–1887) gelang es, die Firma aus dem Nichts zu Weltgeltung zu führen. Das Stammhaus, ein neben dem Schmelzwerk zu Beginn des 19. Jahrhunderts in Fachwerkbauweise errichtetes Aufseherhäuschen, wurde von der Familie Krupp stets hoch in Ehren gehalten und stand immer inmitten der Fabrikanlagen. 1961 wurde es von seinem alten Standort entfernt und neben dem ehemaligen Kruppschen Hauptverwaltungsgebäude (dem 1976 abgerissenen „Turmhaus") vollständig wieder aufgebaut. Dort steht es heute noch – ein liebenswertes Fossil aus den Anfängen eines traditionsreichen Unternehmens.

Unsere Tipps

- Beeindruckend: Das große „Denkmal der Arbeit" („Tiegelgussdenkmal") ganz in der Nähe. Das 22 Meter lange Bronzerelief von Arthur Hoffmann (Berlin) zeigt die verschiedenen Arbeitsschritte des von der Firma Krupp angewandten Tiegelgusses. Das wuchtige, halbrunde Denkmal, das bereits 1935 von Gustav und Bertha Krupp von Bohlen und Halbach in Auftrag gegeben worden war, konnte erst 1955 enthüllt werden.

- Sehr schön restauriert: die ehemalige Halle der VIII. Mechanischen Werkstatt der Firma Krupp. Seit 1996 heißt sie „Colosseum"; in historischem Ambiente, dort, wo früher Lokomotivrahmen und Schiffskurbelwellen hergestellt wurden, können die Besucher heute Musical-Vorstellungen genießen.

- Eine andere Neunutzung hat die Halle des ehemaligen Kruppschen Press- und Hammerwerkes auf der gegenüberliegenden Straßenseite erfahren. Hier parken heute die Kunden des Möbelhauses IKEA.

Auf dem Essener Krupp-Gelände: auf Höhe Altendorfer Straße 103, Essen-Westviertel.

🚊 Straßenbahn 104, 105 oder 115 ab Essen Hbf. bis Haltestelle „Krupp-Hauptverwaltung" (6 Min).

🏛 Ruhrlandmuseum, Museum Folkwang, Goethestraße 41, Essen-Mitte, Tel. 02 01 / 8 84 52 01 bzw. 8 84 50 00, di – so 10 – 18 Uhr, fr 10 – 21 Uhr.

✕ Mongo's Bar Restaurant „Altendorfer Straße 3, 45127 Essen. Tel. 02 01 / 1 09 59 86, geöffnet ab 13 Uhr.

Brauhaus „Graf Beust", Kastanienalle, Essen-Mitte, Tel. 02 01 / 22 57 19, mo – do 11.30 – 0.30 Uhr, fr + sa bis 1.30 Uhr, so 10 – 24 Uhr.

☞ Colosseum, Altendorfer Straße/Berliner Platz, Essen-Mitte, Musical-Vorstellungen, Ticket-Tel. 01 80 / 5 44 44.

Wissenswertes

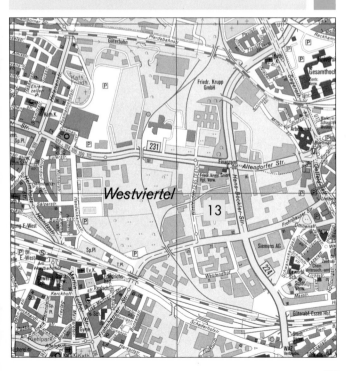

„Dichtung in Stein und Grün"

Die Essener Wohnsiedlung Margarethenhöhe, die erste ihrer Art in Deutschland, entstand aufgrund einer Stiftung von Frau Margarethe Krupp, der Gattin Friedrich Alfred Krupps. Anlass für diese Stiftung war die Hochzeit ihrer Tochter Bertha mit Gustav von Bohlen und Halbach. Es sollten Wohnungen für „minderbemittelte Klassen" entstehen, wobei nicht nur an Angehörige der Kruppschen Werke gedacht war. 1910 war Baubeginn, und 1919/20 war der erste Bauabschnitt von dem genialen Architekten Georg Metzendorf auf einem Hügel westlich der Essener Innenstadt realisiert. Mit ihren Brücken und Toren, engen Straßen und verträumten Hausformen wurde die Siedlung bewusst altdeutscher Idylle nachempfunden und gegenüber zahlreichen anderen Wohnsiedlungen im Ruhrgebiet abgegrenzt, deren Häuser stereotyp an Straßen aufgereiht waren, um wertvolles Bauland rationell zu nutzen. So entstand eine „Dichtung in Stein und Grün", ein wunderschönes Beispiel für humane Architektur. Die Siedlung Margarethenhöhe ist fast unverändert erhalten geblieben und gilt immer noch als vorbildliche Lösung gesellschaftspolitischer Aufgaben im sozialen Wohnungsbau.

Unsere Tipps

- Zentraler Punkt der Margarethenhöhe: „Kleiner Markt" mit dem Schatzgräberbrunnen von 1912, eine Schöpfung des Bildhauers Josef Enseling (1886–1957), der das Werk in Muschelkalk ausführen ließ.

- Im nahen Nachtigallental: Der Halbachhammer, ein Eisenhammerwerk, das bis 1900 in Weidenau an der Sieg gearbeitet hat und anschließend als technisches Kulturdenkmal ins Münchener Deutsche Museum überführt wurde. Zu Beginn der 1930er Jahre kaufte Gustav Krupp von Bohlen und Halbach die Fachwerkanlage und ließ sie, nachdem sie zerlegt einige Jahre in den Kruppschen Werkshallen gelagert hatte, 1936 als Geschenk an die Stadt Essen im Nachtigallental aufstellen. Der gewaltige, ursprünglich wassergetriebene Schmiedehammer aus der Frühzeit der Industrialisierung schlägt immer noch von Zeit zu Zeit im Rahmen von Demonstrationsveranstaltungen.

Zufahrt über Sommerburgstraße, Essen-Margarethenhöhe, Führungen durch das Ruhrlandmuseum sind möglich: Tel. 02 01 / 8 84 52 01, Gruppenanmeldung: Tel. 02 01 / 88 45 –3 01 / -200.

🚇 U-Bahn 17 ab Essen Hbf. bis Haltestelle „Margarethenhöhe" (12 Min).

🚶 RO führt direkt durch die Gartenstadtsiedlung.

🏛 Halbachhammer im Nachtigallental, Zufahrt am südöstlichen Ende des Südwestfriedhofes, Fulerumer Straße, Essen-Margarethenhöhe, Informationen: Ruhrlandmuseum, Tel. 02 01 / 8 84 52 01.

☞ Gruga-Park, Külshammerweg 32. Haupteingang: Alfred-/ Norbertstraße, Essen-Rüttenscheid, Tel. 02 01 / 8 88 31 04, April – Sep 8.30 –20.30 Uhr, Okt – März 9 Uhr bis zum Einbruch der Dunkelheit, mit Botanischem Garten und Vogelpark.

✘ Restaurants „Silberkuhlshof", „Orangerie" und „Landhaus" befinden sich im Gruga-Park.

Wissenswertes

Ruhrschiffe an Leinen

Gleich drei historische Schleusenwerke gibt es im Essener Ortsteil Werden zu besichtigen. Die schön restaurierte sogenannte Papiermühlenschleuse entstand um 1780 für die Kohlenschiffe, die „Ruhraaken", die hier ein Gefälle von 2,90 Metern zu überwinden hatten (flussabwärts fuhren sie mit Unterstützung von Segeln; flussaufwärts wurden sie von Pferden an Leinen gezogen). Die Zugbrücke über die Schleuse führt zum ehemaligen Schleusenwärterhaus, das, obwohl das letzte Kohlenschiff bereits 1889 hier vorüberkam, immer noch bewohnt wird.

Die Neukircher Schleuse wurde ebenfalls um 1780 fertiggestellt und ist heute wieder in gutem Zustand; allerdings führt sie nur noch Wasser, wenn der Pegelstand der Ruhr über die Normalmarke steigt. Bis zu 100 Ruhraaken konnten früher täglich die 45 Meter lange und 5,65 Meter breite Schleuse passieren. Das angrenzende Backsteingebäude, die Neukircher Mühle, entstand 1844 und war – höchst fortschrittlich für die damalige Zeit – mit Wasserturbinen ausgestattet.

Die dritte Schleusenanlage ist im nahegelegenen Stauwehr des Baldeneysees zu finden, das um 1930 entstand. Diese Schleuse wird heute noch von Ausflugsschiffen befahren.

Unsere Tipps

- Beherrscht das Werdener Stadtbild: die ehemalige Abteikirche, die heutige Basilika St. Ludgerus (geweiht 808, schönstes Beispiel des sog. „Rheinischen Übergangsstils") mit der Liudgeriden-Krypta, der Domschatzkammer und der angrenzenden alten Abteilichen Residenz.

- Älteste Pfarrkirche nördlich der Alpen: die St. Lucius-Kirche, mit deren Bau zur Zeit des Sachsenkaisers Otto III. begonnen und die 1063 geweiht wurde. Wunderschönes Beispiel reiner mittelalterlicher Sakralarchitektur.

- Schöne Fachwerkhäuser in der Grafenstraße: u. a. die „Kemnate" von 1336, das schmalste Haus weit und breit (2,24 Meter auf drei Stockwerken), und das Weberhaus von 1756, dessen unterschiedliche Geschosshöhen auf seine Nutzung hinweisen; der rechte Teil mit niedrigen Räumen diente als Wohntrakt, im linken Teil mit den höheren Räumen standen die Webstühle.

Papiermühlenschleuse: Leinpfad, südlich vom alten Bahnhof Werden; Neukircher Schleuse: Hardenbergufer 59, Stauwehr Baldeneyersee: Neukircher Mühle/Hardenbergufer.

🚆 S-Bahn 6 ab Essen Hbf. bis zum Bahnhof „Essen-Hügel" (8 Min) oder bis Bahnhof Werden (11 Min).

🚲 Am R12.

🚶 Am Wanderweg Ruhrhöhenweg XR.

🏛 Villa Hügel, Haraldstraße, Essen-Bredeney, Tel. 02 01 / 1 88 48 23, di–so 10–18 Uhr, Park: tgl. 8–20 Uhr.

✕ Restaurant „Baldeneyer Fähre", Freiherr-vom-Stein-Straße 386c, Essen-Bredeney, Tel. 02 01 / 44 16 84, tgl. 11–1 Uhr.

☞ Propsteikirche St. Ludgerus, Brückstraße

☞ St. Lucius-Kirche, Heckstraße/Dückerstraße

☞ „Kemnate", Grafenstraße 36

☞ Weberhaus, Grafenstraße 59

Wissenswertes

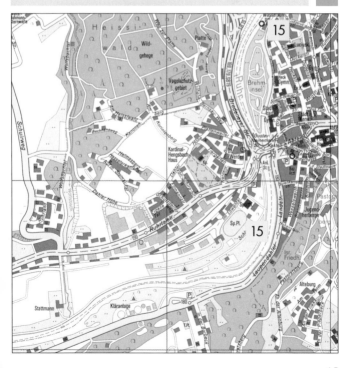

Endpunkt der Erzbahntrasse

1914, wenige Jahre nach Fertigstellung des Rhein-Herne-Kanals, entstand der Hafen Grimberg im Norden von Gelsenkirchen. Benannt wurde er nach dem nahegelegenen Schloss Grimberg der Herren von Nesselrode, das 1964 abgerissen worden ist. Der Bereich des Hafenkopfes markierte früher den Endpunkt der sogenannten Erzbahntrasse. Die neun Kilometer lange Eisenbahnverbindung führte vom Hafen bis zum Werk des ehemaligen Bochumer Vereins an der Alleestraße. Auf dieser Strecke wurden vornehmlich die von Kanalschiffen angelandeten Erze zu den mittlerweile stillgelegten Hochöfen des Schalker Vereins und des Bochumer Vereins transportiert. Heute beeindruckt der Hafen als Industriedenkmal. Einmalig im Ruhrgebiet sind die vier mächtigen Verladekräne, die ebenso wie die alte Hafenmeisterei (heute als Trafogebäude genutzt) aus den 20er Jahren stammen. Industriegeschichtlich besonders wertvoll ist auch das 1926 in Betrieb genommene und 1988 stillgelegte Bahnbetriebswerk Bismarck südwestlich des Hafens. Im Rahmen der Internationalen Bauausstellung Emscher Park (IBA) soll die ehemalige Eisenbahntrasse mit ihren zahlreichen historischen Stahlbrücken als kreuzungsfreie Radwegeverbindung zwischen dem Rhein-Herne-Kanal und Bochum ausgebaut werden.

Unsere Tipps

- Letzte Erinnerung an Schloss Grimberg: die Schlosskapelle aus dem 12. Jahrhundert. Diese ist allerdings nicht mehr hier, sondern im Hertener Schlosspark zu finden, wohin sie 1908 die Familie Nesselrode hat versetzen lassen.

- Bequem erreichbar: Der Ruhr Zoo Gelsenkirchen, traditionelles Ausflugsziel im Ruhrgebiet. Auf 22 Hektar erwarten rund 900 Tiere ihre Besucher. Für Kinder: Streichelzoo und schöner Naturspielplatz „Kletterwald".

- Im benachbarten Herne: interessante Tagesanlagen (u. a. Malakoffturm) der Schachtanlagen I/IV und II/III der ehemaligen Zeche „Unser Fritz".

- Aufregend und originell: das Heimat- und Naturkundemuseum Wanne-Eickel mit vielen Exponaten zum Bergbau (u. a. Nachbau einer Flözstrecke), einer vollständig erhaltenen Jugendstildrogerie, einer nostalgischen Trinkhalle aus der Zeit der Jahrhundertwende und vielem mehr.

Grimberger Allee, Gelsenkirchen-Bismarck

🚋 Straßenbahn 301 ab Gelsenkirchen Hbf. bis Haltestelle „Erle Forsthaus", dann mit Bus 398 bis Haltestelle „Freibad Grimberg" (20 Min).

🚲 Am R10 und Emscher-Park-Radweg, entlang des Rhein-Herne-Kanals und in der Nähe der Kreuzung R10/R27.

🏛 Heimat- und Naturkundemuseum Wanne-Eickel, Unser-Fritz-Straße 108, Herne-Wanne, Tel. 02325/75255, di–fr, so 10–13 Uhr und 14–17 Uhr, sa 14–17 Uhr, Führungen nach Anmeldung.

☞ Zeche „Unser Fritz": Schacht I/IV, Unser-Fritz-Straße, Herne-Wanne; Schacht II/III: Dorstener Straße/Grimberger Feld, Herne-Wanne; nur Außenbesichtigung möglich.

☞ Ruhr-Zoo Gelsenkirchen, Bleckstraße 64, Gelsenkirchen-Bismarck, Tel. 0209/980870, tgl. 9–18.30 Uhr (Sommer), tgl. 9–17 Uhr (Winter).

Wissenswertes

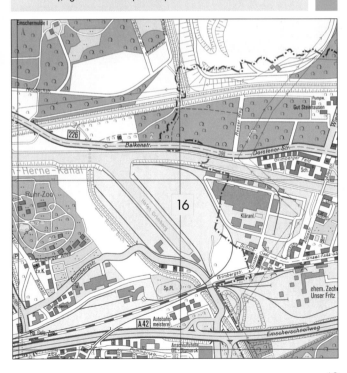

Fachwerk und Industrie

Für den, der es noch nicht kennt, ist es ein unbedingtes Muss: das Westfälische Freilichtmuseum im Hagener Mäckingerbachtal. Es ist in Westeuropa das einzige Freilichtmuseum, das die technikgeschichtliche Entwicklung des selbständigen Handwerks und des vor- und frühindustriellen Gewerbes darstellt. Rund 60 Betriebsstätten aus der Region sind nach ihrer Stilllegung hier im Originalzustand wiederaufgebaut worden und dokumentieren, zumeist in wunderschöner Fachwerkarchitektur, etwa den Zeitraum von 1780 bis zum Ende des 19. Jahrhunderts. Einen wichtigen Schwerpunkt bilden die Metallbe- und -verarbeitung des märkischen Raumes. Am Eingang des 2,5 Kilometer langen Museumstals befindet sich die begehbare Windmühle. In 20 Betrieben wird im Rahmen von Vorführungen auch noch produziert: Holzschuhmacherei, Nagelschmiede, Hammerwerk, Bäckerei, Druckerei, Papiermühle, Sägemühle, Schreinerei, Sensenhammer, Löffelschnitzerei, Schreinerei, Tabakfabrik, Goldschmiede, Achatschleife, Treibriemenwerkstatt, Seilerei, Blaufärberei, Ölmühle, Messingstampfe, Kuhschellenschmiede, Räucherei. Aber auch die übrigen Werkstätten werden dem Anspruch eines „Museums zum Anfassen" durchaus gerecht.

Unsere Tipps

- Mehr Originalmaschinen und technische Erläuterungen im Deutschen Kaltwalzmuseum, das im Palas-Gebäude von Burg Hohenlimburg untergebracht ist. Übrigens: In Hagen-Hohenlimburg werden noch heute zwei Drittel der deutschen Kaltwalzprodukte hergestellt. Der Eintritt berechtigt auch zum Besuch des Schlossmuseums Hohenlimburg (u. a. prächtige alte Wohnräume mit Originalmobiliar).

- In Hagen nicht versäumen: Karl-Ernst-Osthaus-Museum, für dessen Innengestaltung 1902 Henry van de Velde verantwortlich zeichnete. Museumsschwerpunkte: Jugendstil, deutsche und internationale Kunst des 19. und 20. Jahrhunderts.

- Sehr schönes Bergisches Bürgerhaus in Hagen-Haspe: Haus Harkorten, erbaut 1756/57, Geburtsstätte des Industriepioniers Friedrich Wilhelm Harkort (1793–1880).

Mäckingerbach, Hagen-Selbecke, Tel. 0 23 31 / 7 80 70, April–Nov di–so 9–18 Uhr, Nov–April di–so 9–16.30 Uhr. Führungen: Tel. 0 23 31 / 7 80 70 39.

Bus 503 ab Hagen Hbf. bis Haltestelle „Freilichtmuseum" (19 Min).

Vom R33 ab Kreuzung Eilper Straße / Selbecker Straße in Eilpe Richtung Freilichtmuseum auf örtlichem Radweg Selbecker Straße.

Wanderung durch das Tal entlang des Mäckinger Bachs.

Karl-Ernst-Osthaus-Museum, Hochstraße 73, Hagen-Zentrum, Tel. 0 23 31 / 2 07 31 38, di–so 11–18 Uhr, do 11–20 Uhr.

Schloss Hohenlimburg, Neuer Schlossweg 30, Hagen-Hohenlimburg, mit Freilichtbühne (Theater Hagen), Restaurant und Museum: Tel. 0 23 34 / 27 71, April–Sept di–so 10–18 Uhr, Okt und März 13–16 Uhr, sa, so 10–16 Uhr, Nov–Feb di–so 13–16 Uhr.

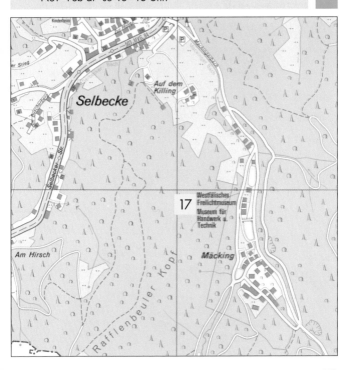

Am rauschenden Bach

Seit dem frühen Mittelalter gehörte die Wassermühle zum Landadelssitz Haus Sythen, der 1971 abgerissen wurde. Vielleicht schon seit 1200, sicher aber seit 1331 steht die Mühle auf einem Pfahlrost aus Eichenstämmen, der mit Sandsteinplatten abgedeckt ist. Auf dem Mauerwerk des Untergeschosses ruht ein Fachwerkbau, der wohl aus dem Jahre 1650 stammt. Um 1860 bekam die Mühle ihr gusseisernes Triebwerk. Sie hatte zwei Mahlgänge. Einer wurde zur Herstellung von Backmehl genutzt, einer für Back- und Futterschrot. Nachdem der letzte Müller, Alfred Rütter, 1954 aus Altersgründen seine Arbeit aufgegeben hatte, stand die Mühle lange leer. Seit 1981 erstrahlt sie wieder in neuem Glanz: der Heimatverein Sythen hatte das schöne Bauwerk von der Familie von Westerholt und Gysenberg gepachtet und vollständig restauriert. So blieb auch das Herzstück der Mühle, das Getriebe der beiden Mahlgänge, vollständig erhalten. Das alte unbrauchbare Mühlrad wurde durch eine Nachbildung ersetzt. Das Rad trieb früher auch die gegenüberliegende Ölmühle an, die 1906 aufgegeben und Mitte der 60er Jahre abgerissen wurde. Auch dieses schöne Gebäude ist mittlerweile wieder aufgebaut worden.

Unsere Tipps

- Hochinteressantes Fundmaterial aus der Römerzeit im neugestalteten Westfälischen Römermuseum Haltern. Zur Zeitwende war Haltern ein wichtiger römischer Stützpunkt an der Lippe. Hier war zeitweise die 19. Legion stationiert, die im Jahre 9 n. C. in der sogenannten Varusschlacht unterging.

- Badespaß und Wassersport am und auf dem Halterner Stausee (300 Hektar, ab 1930 aufgestaut). Im Seebad Haltern gibt es sogar einen schönen Natursandstrand. Ferngläser nicht vergessen: Auf der Overrather Insel im See nistet eine Graureiher-Kolonie.

- Beliebt: Rundfahrten mit dem Motorschiff „Möwe" auf dem Halterner Stausee.

- Hervorragende Möglichkeiten für Fuß- und Radwanderungen rund um Haltern durch den Naturpark Hohe Mark.

- Seit dem 17. Jahrhundert Ziel von Wallfahrtsprozessionen: die kleine Kirche St. Anna auf dem Annaberg mit dem Gnadenbild der Anna Selbdritt von 1480.

Am Wehr / Stockwieser Damm, Haltern-Sythen, Besichtigung nach Vereinbarung mit dem Heimatverein Sythen.

SE 3411 bis Haltern Sythen Bf. (4 Min) oder mit Bus 246 ab Haltern Bf. bis Haltestelle „Am Wehr" (10 Min).

Östlich R29: ab Freibad Sythen auf örtlichem Radweg Richtung Halten-Zentrum; Kreisradwanderweg RE 2 führt direkt an der Wassermühle vorbei.

Am Wanderweg X17/X18 vom Halterner Stausee Richtung Sythen.

Westfälisches Römermuseum Haltern, Weseler Straße 100, Haltern-Zentrum, Tel. 0 23 64 / 9 37 60, di – fr 9 – 17 Uhr, sa + so 10 – 18 Uhr.

Seebad Haltern, Hullerner Straße 52, Haltern, Tel. 0 23 64 / 25 39, Mai – Sep tgl. 9 – 18.30 Uhr.

Rundfahrten mit dem Schiff „Möwe": Tel. 01 61 / 193 40 98.

Wissenswertes

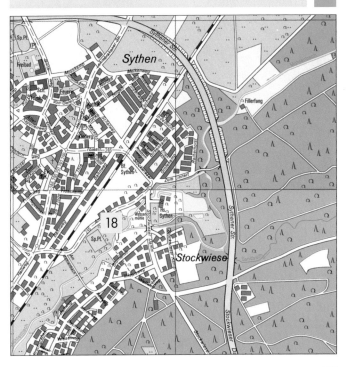

Kultur und Eisen – Eisenkultur

1854 von Graf Heinrich zu Stolberg-Wernigerode gegründet, gehörte die Hattinger Henrichshütte zu den ältesten Großhüttenwerken im Ruhrgebiet. Trotz widriger Bedingungen während der Bauarbeiten (die Ruhr führte Hochwasser und sorgte für Überschwemmungen) konnte bereits im Juli 1855 der erste Abstich vorgenommen werden. Schnell entwickelte sich das Unternehmen zum größten Arbeitgeber Hattingens (zeitweise waren über 9.000 Menschen hier beschäftigt) und überstand trotz mehrfachen Besitzwechsels (zuletzt gehörte es zum Thyssen-Konzern) manche Rückschläge wie beispielsweise die Besetzung durch französische Truppen 1923 oder die schweren Zerstörungen im Zweiten Weltkrieg. Mit dem Zechensterben kam aber letztlich auch das Aus für die Henrichshütte, deren Hochöfen 1987 ausgeblasen werden mussten. Aber bereits 1988 wurde die gesamte Anlage unter Denkmalschutz gestellt und wird gegenwärtig zum „Hochofenmuseum Henrichshütte", einer Außenstelle des Westfälischen Industriemuseums, ausgebaut. Seit vielen Jahren dient das historische Denkmal der Montanindustrie bereits als Schauplatz für teilweise spektakuläre Kulturveranstaltungen.

Unsere Tipps

- Gegensätzliches, nicht weit entfernt: Burg Blankenstein (13. Jahrhundert). Schöner Weitblick vom 30 Meter hohen Bergfried. Restaurant mit Biergarten. Anschließend: Rundgang durch das hübsche Fachwerkdorf Blankenstein. Sehenswert: die ev. Pfarrkirche von 1767 mit prachtvoller Innenausstattung.

- Keinesfalls versäumen: die Altstadt Hattingens, die zu den besonders geschützten historischen Ortskernen im Ruhrgebiet gehört. Bemerkenswert: das Alte Rathaus von 1576 und die benachbarten bergischen Fachwerkhäuser am Untermarkt. Romantisch: der Kirchplatz. Weitere schöne Fachwerkhäuser an der Emschestraße und am Haldenplatz. Kurios: das „Bügeleisenhaus" von 1625.

- Hoch über dem Ruhrtal: Ruine Isenburg aus dem 12. Jahrhundert.

Werksstraße 25, Hattingen-Welper, Führungen so 11.30 Uhr ab Hochofenbüro, Tel. 02 34 / 9 24 70.

Weitere Informationen beim Westfälischen Industriemuseum Dortmund: Tel. 02 31 / 6 96 10.

🚌 Bus 356 (7 Min), Bus 591 (4 Min) oder CE 31 (8 Min) ab S-Bahnhof Hattingen-Mitte bis Haltestelle „Henrichshütte".

🚲 Am R12 der Ruhr entlang, ab Brücke Bochumer Straße auf örtlichem Rad der anderen Ruhr-Seite Richtung Henrichshütte.

☞ Burg Blankenstein, Burgstraße 16, Hattingen-Blankenstein, mit Restaurant: Tel. 0 23 24 / 3 32 31, mo – sa ab 14 Uhr, so ab 11 Uhr, Küche bis 23 Uhr.

✗ Spitzengastronomie: Das Restaurant „Diergardts Kühler Grund", Am Büchsenschütz 15, Hattingen-Mitte, Tel. 0 23 24 / 9 60 30, fr – mi 11.30 – 24 Uhr, Küche: 12 – 14.30 Uhr und 18 – 22 Uhr.

☞ Isenburg, Isenberger Weg, Hattingen-Niederbonsfeld.

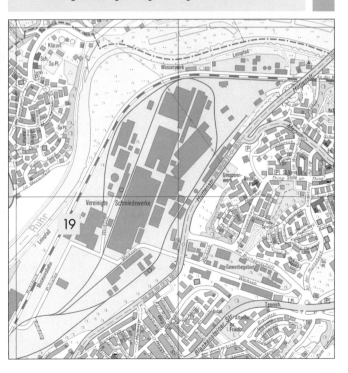

Jugendstil in der Bohrhämmerfabrik

Ihren Beinamen „Stadt der Bohrhämmer" verdankt Herne in erster Linie den Flottmann-Werken, in denen seit 1902 Bergbaumaschinen produziert wurden. Als 1983 der Betrieb von der Flottmannstraße zur Baukauer Straße verlegt wurde, sollten die geschichtsträchtigen und in der Region nahezu einmaligen Jugendstilbauten abgerissen werden. Doch dank energischer Intervention des Denkmalschutzes blieben dann die Ausstellungs- und Versandhalle, die Schmiede und die Schlosserei (alle 1908 erbaut) erhalten. Vor allem die Ausstel-lungs- und Versandhalle, ein fünfschiffiger Jugendstilbau mit einer Dachkonstruktion aus Ei-senfachwerk, ovalen Fenstern in den Giebelzonen und einer konvexen Front gehört zu den bauhistorischen Raritäten in Nordrhein-Westfalen. Die hel-len, luftigen Werksräume galten um 1908 als besonders fort-schrittlich; ebenso fortschrittlich war damals die Arbeitszeit der „Flottmänner", die nur neun Stunden statt der üblichen zwölf betrug.

Seit 1986 bieten die traditions-reichen Jugendstilhallen ein schönes Ambiente für Klein-kunst, Kabarett und Tanzthea-ter. Aber auch die Neue Musik, Jazzveranstaltungen und Kunst-ausstellungen haben hier ein passendes Forum.

Unsere Tipps

- Ein Schmuckstück von Weltrang diente früher den Flottmann-Betrieben als Werkseingang: ein sieben Meter hohes und neun Meter breites Jugendstiltor, das 1898 von dem Künstler Hein-rich Füssmann in Düsseldorf angefertigt und 1900 bei der Welt-ausstellung in Paris gezeigt worden war. Heinrich Flottmann kaufte es anschließend und ließ es vor den Werkshallen aufstellen. Seit 1981 steht das prächtige Kunstwerk im Hof von Schloss Strünkede vor dem Eingang zum Emschertal-Museum.

- Selbstverständlich auch hinter das Tor schauen: Das Emscher-tal-Museum im Schloss Strünkede (16./17. Jahrhundert) prä-sentiert umfangreiche kulturhistorische Bestände zur Ur- und Frühgeschichte, zur Volkskunde, zur Regional-, Stadt- und Schlossgeschichte sowie eine ansehnliche Glas- und Keramik-sammlung.

- Nicht übersehen: die Schlosskapelle (13./15. Jahrhundert), Hernes ältestes Bauwerk, im Schlosspark.

- Ebenfalls im Schlosspark: die ehemalige Schlossmühle (in der heutigen Form ein Fachwerkbau aus dem 19. Jahrhundert) mit dem Café Haus Schollbrock.

Flottmannstraße 94, Herne

Wechselnde Veranstaltungen, Konzerte, Ausstellungen:
Tel. 0 23 23 / 16 – 29 51 / 29 52 / 29 53.

Bus 312 oder 322 ab Herne Bf. bis Haltestelle „Zillertal-
straße" (15 Min), oder mit U35 von „Schloss Strünkede" bis
Haltestelle „Berninghausstraße".

Emschertal-Museum und Städtische Galerie im Schloss
Strünkede, Karl-Brandt-Weg 5, Herne-Horsthausen, Tel.
0 23 23 / 16 26 11 (Galerie), di – fr, so 10 – 13 Uhr und
14 – 17 Uhr, sa 14 – 17 Uhr.

Café Haus Schollbrock in der Schlossmühle Strünkede
(im Schlosspark Strünkede), Tel. 0 23 23 / 92 30 03, di – so
12 – 19 Uhr, Mo Ruhetag, bei schönem Wetter bis 22 Uhr,
bei schlechtem Wetter bis 19 Uhr.

Wissenswertes

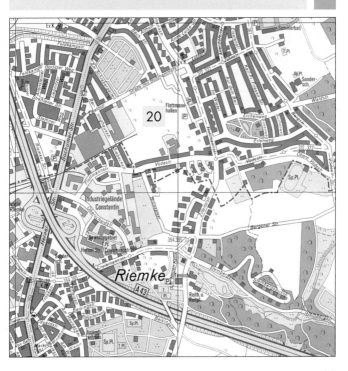

Zechensiedlung ohne Zeche

Die Gartenstadtsiedlung Teutoburgia entstand zwischen 1909 und 1923 als Werkssiedlung für die Zeche Teutoburgia, die aber bereits 1925 stillgelegt wurde. Die 136 Häuser der Siedlung sind bis heute fast unverändert erhalten und präsentieren sich nach liebevoller und detailgetreuer Restaurierung als Architekturdenkmal von hohem Rang. Kaum ein anderes Leitbild hat den Siedlungsbau nach der Jahrhundertwende so stark geprägt wie die Idee der Gartenstadt. So wurde bereits 1902 die Deutsche Gartenstadtgesellschaft gegründet, die die Reformgedanken übernahm, die der Engländer Ebenezer Howard 1889 in „Garden Cities of Tomorrow" formuliert hatte.

In der Siedlung Teutoburgia wurden diese Ideen beispielhaft verwirklicht: Die markante und facettenreiche Gestalt der Gebäude – jedes Haus hat ein individuelles Aussehen – macht den besonderen Charme der Siedlung Teutoburgia aus, ohne dass der Eindruck einer harmonischen Gesamtkomposition geschmälert wird. Viel Grün im Straßenraum und großzügige Vorgärten, eigene Wohnungseingänge und Zugänge zum Garten, begrünte Plätze im Inneren von Blocks und gewundene Straßenführungen lassen immer wieder erkennen, dass hier ganz im Sinne eines humanen und sozialen Wohnens gebaut worden ist. Nicht nur als Bewohner, auch als Besucher kann man sich hier wohlfühlen und die früheren Lebensverhältnisse an einem Bauensemble studieren, das weitestgehend im Originalzustand erhalten ist.

Unsere Tipps

- Gleich nebenan: die Reste der Zeche Teutoburgia, das deutsche Strebengerüst über Schacht 1 und die danebenstehende Maschinenhalle. Mehrere Schlagwetterexplosionen, gestörte Lagerungsverhältnisse und schlechte Kohlequalität zwangen 1925 zur vorzeitigen Aufgabe des Zechenbetriebes (Förderung seit 1911).

- Kunst auf der Zechenbrache: der „Kunstwald" Teutoburgia im Schatten des alten Strebengerüstes. Kunstobjekte und Installationen erwarten den Besucher auf der ehemaligen Zechenbrache. Die Bepflanzung des Geländes, das von Spazier- und Wanderwegen durchzogen wird, ist naturbelassen; eine typische Brachenvegetation hat sich zwischen den Kunstwerken entwickelt.

- Hübsch: der alte Dorfkern von (Herne-) Börnig.

und Kunstwald Zeche Teutoburgia, Schadeburgstraße/ Baarestraße, Herne-Börnig.

🚌 Bus 311 ab Herne Bf. bis Haltestelle „Schreberstraße" (21 Min) oder „Baarestraße" (22 Min).

🚲 Am Emscher-Park-Radweg-Nord, dann R10: vom Bf. Herne-Börnig auf örtlichem Radweg Richtung Süden in die Gartenstadtsiedlung.

☞ Nebenan: Haus Goldschmieding, Dortmunder Straße 49, Castrop-Rauxel, Schloss, Schlosspark, Gourmet-Restaurant, Tel. 02305 / 301 32, durchgehend geöffnet von 11.30 – 22 Uhr.

☞ Revierpark Gysenberg, Am Revierpark 40, Herne-Sodingen, Tel. 02323 / 9690, großes Freizeitparkgelände mit angrenzendem Gysenberger Wald, u. a. Tiergehege, Minigolf, Eishalle und Gysenbergtherme mit Allwetter-Spaßbad und Wellenhallenbad: mo–sa 8 – 24 Uhr, so 8 – 22 Uhr.

Wissenswertes

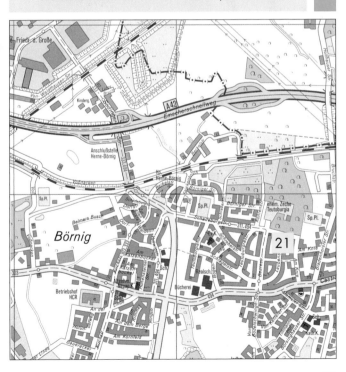

Wasser für die Stahlrösser

Heute fahren sie nur noch für nostalgische Ausflügler: die mächtigen alten Dampflokomotiven. Seit der Mitte des 19. Jahrhunderts waren die „Stahlrösser" untrennbar mit der industriellen Entwicklung des Ruhrgebietes verbunden, zogen sie doch auf schwerstbeladenen Zügen zu vergleichsweise niedrigen Preisen Kohle und Stahl in ferne Gegenden und ermöglichten auf diese Weise eine schnelle Ausweitung des Handelsvolumens. Aber die „Triumphwagen des Gewerbefleißes" waren immer durstig. Ohne stete Wasserzufuhr verweigerten sie ihren Dienst. Und so baute man Wassertürme, in denen das wichtige Nass zum „Betanken" der Lokomotiven vorrätig gehalten wurde. Zur Mülheimer Landesgartenschau

1992 wurde der Broicher Wasserturm aus der zweiten Hälfte des 19. Jahrhunderts als Industriedenkmal wiederentdeckt und restauriert. Der schöne Ziegelbau mit dem kuppelförmigen stählernen Wasserbehälter erfuhr nun eine neue Nutzung: In der über einen Glasfahrstuhl zugänglichen Kuppel, dort, wo früher das Wasser rauschte, befindet sich heute eine optische Sensation, die „Camera Obscura" (übersetzt: dunkler Raum). Wenn sich die Augen an die Dunkelheit gewöhnt haben, wird auf einem runden Tisch in der Mitte des Raumes gestochen scharf das 360-Grad-Panorama der Stadt Mülheim sichtbar. Eingefangen wird es von einer Spiegeloptik, die zweieinhalb Meter über der Spitze des Wasserturms nach demselben Prinzip arbeitet wie ein Fotoapparat. Der Besuch der Camera Obscura ist also eine Reise in das Innere einer „Kamera" – mit Platz für 35 Personen.

Unsere Tipps

- Am Fuße des Wasserturms: der ehemalige Ringlokschuppen von 1875, in dem früher Lokomotiven und später Omnibusse repariert wurden.

- Zauberhafte Gartenarchitektur und botanisch Interessantes bietet das umliegende Gelände der „MüGa". Phänomenal für Kinder: die „Phänomenia" – bewegliche physikalische Versuchsgeräte. Außerdem im Park: Wasserspielplatz, Abenteuerspielplatz und Matschspielplatz.

- Café und Biergarten im Wasserturm und im Ringlokschuppen, Gastronomie in der Stadthalle.

- Bedeutendster mittelalterlicher Wehrbau des Ruhrgebietes: Schloss Broich aus dem 9. Jahrhundert (heutige Bausubstanz aus dem 17./18. Jahrhundert). Heimatmuseum im Schloss.

Am Schloss Broich 34, Mülheim.
Camera Obscura: Tel. 0208 / 9 60 96 29, Apr–Sept
mi–so 10–17.30 Uhr, Okt–März mi, sa, so 10–15 Uhr.

🚌 Bus-Linien 122, 124, 133, 135, 132 oder mit der Straßenbahn Linie 102 ab Mülheim Hbf. bis Haltestelle „Stadt-
halle/Schloss Broich" (6 Min). Direkt am R12.

🚶 Am Ruhrhöhenweg; Lehrpfad Ruhrnatur vom Gelände der
Landesgartenschau bis nach Schloss Styrum (3 Kilometer).

🏛 Aquarius Wassermuseum, Burgstraße 68, Mülheim-Styrum,
Tel. 0208 / 4 43 33 90, di–so 10–17 Uhr.
Heimatmuseum im Schloss Broich, Am Schloss Broich 28,
Tel. 0208 / 38 39 45, di 15–18 Uhr, so 10–12 Uhr.

✕ Restaurant „Ruhrkristall", Ruhrufer 5, Mülheim-Mitte, Tel.
0208 / 42 18 50, fr–mi Küche 12–15 Uhr + ab 18 Uhr.
„Franky's Wasserbahnhof, Alte Schleuse 1, 45468 Mülheim, Tel. 0208 / 3 88 29 63, tgl. 10 – 1 Uhr.

☞ Ringlokschuppen, Am Schloss Broich 38, Mülheim, mo–do
18.30–1 Uhr, fr, sa 18.30–3 Uhr, so 10.30–1 Uhr, Ver-
anstaltungsinformationen: Tel. 0208 / 99 31 60.

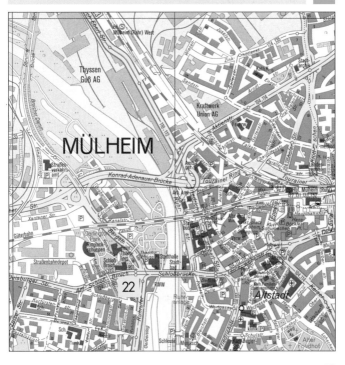

23

Mehl aus Buschhausen

Man schrieb das Jahr 1858, als im damals noch ländlich strukturierten Oberhausen-Buschhausen der Lohnmüller Heinrich Baumeister eine holländische Turmwindmühle in Betrieb nahm, in der das Getreide aus den landwirtschaftlichen Anwesen der Nachbarschaft verarbeitet wurde. Seine Nachkommen übernahmen die Mühle und sorgten dafür, dass sich die mächtigen Mühlenflügel über 100 Jahre lang drehten. Wenn der Wind nicht ausreichte, musste eine Dampfmaschine, später ein Elektromotor für die Bewegung des Mahlwerkes sorgen. Währenddessen wuchs das Ruhrgebiet, zahllose Menschen, vor allem aus den Ostgebieten, wanderten ein. Die Neuankömmlinge betrieben wie in ihrer Heimat nebenher Ackerbau und Kleintierhaltung, so dass es lohnender wurde, in der Mühle Kraftfutter herzustellen. Nach 1936 wurde wieder Roggen zu Schrot verarbeitet – bis 1961, als der Mühlenbetrieb aufgegeben werden musste. Die Mühle verfiel allmählich, und trotz einiger Restaurierungsarbeiten 1975 nagte der Zahn der Zeit unaufhörlich. Schließlich brachen 1990 bei einem heftigen Sturm die Flügel ab. Nun endlich fasste Hermann Baumeister, Nachfolger des Mühlengründers in der 4. Generation, den Gedanken, die Mühle zu retten und mit neuem Leben zu erfüllen. Mit Hilfe eines Architekturbüros und niederländischer Spezialisten ließ er ab 1993 das alte Bauwerk von Grund auf erneuern. Neue Flügel wurden angebracht, und ein neues hölzernes Mahlwerk entstand im Inneren. Die ebenfalls neue Haube – 18 Tonnen schwer – musste mit Hilfe eines riesigen Krans aufgesetzt werden. Seit 1995 drehen sich nun wieder die 13 Meter langen Mühlenflügel, und wie früher wird mit Hilfe des Windes Korn in Mehl verwandelt.

Unsere Tipps

• Zuschauen beim Mahlgang: Die Baumeister Mühle kann – auch während des Betriebes – besichtigt werden. Hermann Baumeister gibt fachkundige Informationen.

• Schmeckt ausgezeichnet: In der Mühle kann man Brot kaufen, das ein Buschhausener Bäcker aus dem hier erzeugten Mehl (das Korn stammt aus kontrolliert ökologischem Anbau) herstellt. Außerdem gibt es ein interessantes Feinkostangebot, vor allem italienische Weine.

• Von Zeit zu Zeit: Kunstausstellungen im historischen Mühlengebäude.

Homberger Straße 11, Oberhausen-Buschhausen, Tel. 02 08 / 65 70 74, mi 15–18 Uhr (kein Brotverkauf), do und fr 10–18 Uhr, sa 10–13 Uhr, oder wenn sich die Flügel drehen; Weinprobe mit Mühlenbesichtigung nach Absprache.

CE 94 ab Oberhausen Hbf. bis Haltestelle „Skagerrakstraße", dann mit Bus 908 bis Haltestelle „Simrockstraße" (23 Min).

Nördlich am R21, an der nahegelegenen „Kleinen Emscher" entlangführend.

Restaurant in der Baumeister Mühle, di–sa 18–23 Uhr, so 11.30–15 Uhr und 18–23 Uhr, Tel. 02 08 / 6 58 97 33, Fax 02 08 / 6 58 97 34

Nördlich: ebenso auf der Stadtgrenze zu Duisburg: Revierpark Mattlerbusch, Wehofer Straße 42, Duisburg-Hamborn, Tel. 02 03 / 9 95 84 11, Bauern- und Ponyhof, Spielplätze und Wellenbad: tgl. 8.30–23 Uhr.

Wissenswertes

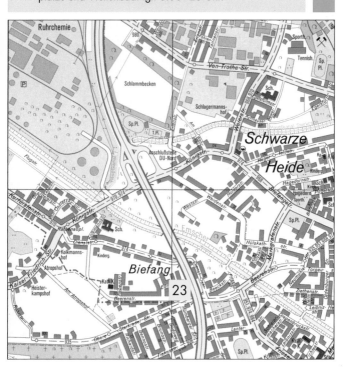

Tatort Fabrik

Die belgische Aktiengesellschaft „Societé anonyme des Mines et Fonderies de Zinc de la Vieille Montagne" gründete 1854/55 in Oberhausen die Zinkfabrik Altenberg. Die Investition lohnte sich: Fast 130 Jahre lang wurde hier Zink zu Blechen weiterverarbeitet. Insbesondere nach der Umstellung der Walzstraßen von Dampfmaschinen auf Elektromotoren zu Beginn des 20. Jahrhunderts konnten hier jährlich bis zu 20.000 Tonnen Zinkblech produziert werden. Erst 1981 wurde die Fabrik stillgelegt. Doch im Gegensatz zu anderen Industriewerken blieb es nicht lange still in den alten Hallen. Bereits

1984 übernahm der Landschaftsverband Rheinland die Baulichkeiten der ehemaligen Zinkfabrik und richtete in der Direktorenvilla von 1912 die Zentralverwaltung des Rheinischen Industriemuseums ein. Die ehemaligen Fabrikationsstätten wie die 137 x 36 Meter große Zinkwalzhalle, das Kesselhaus und die Elektrozentrale wurden zu Ausstellungshallen umgebaut, in denen seit 1997 eine industrie- und sozialgeschichtliche Dauerausstellung zum Thema Stahlindustrie an Rhein und Ruhr gezeigt wird. Neben „gewichtigen" Arbeitsgeräten und Maschinen sind auch Gegenstände des täglichen Lebens und persönliche Erinnerungsstücke aus der Arbeitswelt der Metallwerker zu sehen.

Unsere Tipps

- „Altenberg" ist nicht nur Museum: Das ehemalige Walzwerk hat sich als soziokulturelles Zentrum bereits zu einem lebendigen Veranstaltungsort für Theater, Konzerte und Ausstellungen entwickelt.

- In der ehemaligen Schmiede: Cafeteria mit Biergarten.

- Nicht weit zur Oberhausener Innenstadt mit vielen historischen Baudenkmälern: Das expressionistische Bert-Brecht-Haus des Kölner Architekten Ludwig Freitag von 1928 erinnert an das berühmte, fünf Jahre früher entstandene, Hamburger Chilehaus (Langemarkstraße 19–21). Ein weiterer expressionistischer Bau von Ludwig Freitag: das Rathaus von 1931 mit Bauhauselementen (Schwartzstraße 7). Noch einmal Backsteinexpressionismus der 20er Jahre: das Polizeipräsidium; daneben das Amtsgericht im Historismus der Kaiserzeit aus der Jahrhundertwende (Friedensplatz).

Hansastraße 18, Oberhausen-Zentrum;
Zentrale des Rheinischen Industriemuseums, Tel. 02 08 /
8 57 90, di–so 10–17 Uhr, außer do bis 20 Uhr, mit der
Dauerausstellung „Schwerindustrie".

🚌 Bus 935, 939, 956 oder 976 ab Oberhausen Hbf. bis
Haltestelle „Altenberger Straße" (2–3 Min).

🚲 Südlich des R12 am Rhein-Herne-Kanal, über örtlichem
Radweg Richtung Oberhausen Hbf.

✗ „Hackbarth's Restaurant", Im Lipperfeld 44, Alt-Oberhausen, Tel. 02 08 / 2 21 88, mo–fr 12–14.30 Uhr, mo–sa
18–24 Uhr.

✗ Trans Atlantik Café, Bar, Elsässer Straße 25, 46045 Oberhausen, Tel. 02 08 / 20 80 94, geöffnet 8.30–1 Uhr, am
Wochenende bis 3 Uhr.

Wissenswertes

Wiege der Stahlindustrie

Man schrieb den 18. Oktober 1758, als ein neun Meter hoher Hochofen am Elpenbach in Osterfeld angeblasen wurde. Sechs Wochen später konnten die ersten seriengefertigten, auf Sandformen gegossenen Platten, Ambosse, Töpfe und Gitter von der St.-Antony-Hütte ausgeliefert werden. Gegründet hatte dieses erste eisenverarbeitende Unternehmen im Ruhrgebiet der Münsteraner Domkapitular Franz Ferdinand Freiherr von Wenge. Die St.-Antony-Hütte wurde zum ältesten der drei Stammwerke der Gutehoffnungshütte (GHH). Aus der Gründungszeit existieren neben dem alten Hüttenteich (Antoniteich) noch zwei sehr gut erhaltene und ausgezeichnet gepflegte Fachwerkgebäude von 1758/59 als Doppelhaus; es handelt sich um das ehemalige Kontor und das Wohnhaus des Hüttenleiters.

Heute ist in den Häusern das MAN GHH Werksarchiv untergebracht. Außerdem hat das Unternehmen in den alten Baulichkeiten aus der Frühphase der Industrialisierung eine historische Informationsschau eingerichtet, die in leicht verständlicher Form die Geschichte der Gutehoffnungshütte von den Anfängen am Elpenbach bis zum Weltunternehmen nachzeichnet.

Unsere Tipps

- Im kleinen Garten hinter den Hüttengebäuden sind mehrere große Originalmaschinen der Montanindustrie ausgestellt.

- Gegenüber der ehemaligen Hütte: Denkmal von Franz Haniel (1779–1806); am alten Hüttenteich: Denkmal von Gottlob Jacobi (1770–1823). Beide Ruhrgebietspioniere waren an den Stammwerken der späteren Gutehoffnungshütte beteiligt.

- Empfehlenswert: Spaziergänge im weitläufigen Parkbereich um die St.-Antony-Hütte entlang des Elpenbachs. Schöner Fontänenteich, der von Enten und Schwänen bevölkert wird. Wenn man Glück hat, kann man zahmen Eichhörnchen begegnen.

- Mehrere Kinderspielplätze.

- Mit attraktiver Speisekarte: Restaurant „Zum Schweyk" (Zur Antonyhütte).

Antoniestraße 32–34, Oberhausen-Sterkrade, MAN GHH Werksarchiv und Historische Schau. Informationen und Anmeldung: Rheinisches Industriemuseum Oberhausen, Tel. 02 08 / 8 57 90.

 CE 91 oder RB 8667 ab Oberhausen Hbf. bis Haltestelle „Osterfeld Süd Bf.", dann mit Bus 958 bis Haltestelle „Antony-Hütte" (24 Min).

☞ Revierpark Vonderort, Bottroper Straße 322, Oberhausen-Osterfeld, Tel. 02 08 / 99 96 80, Minigolf, Autoscooter, Skateboardanlage, Frei- und Wellenbad: Mai–Aug tgl. 8–22 Uhr, Solbad: mo–sa 8–23 Uhr, so 8–22 Uhr. Eislaufhalle: mo 17–22 Uhr, di–fr 15–22 Uhr, sa, so 9–22 Uhr.

Wissenswertes

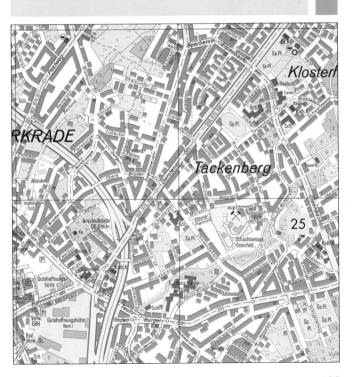

„Rote Erde" im Original

Geht man durch die Straßen der Arbeitersiedlung in Oberhausen-Eisenheim, fühlt man sich stark an die Kulissen der berühmten Ruhrgebiets-Fernsehserie „Rote Erde" erinnert. Nur ist es ein Stück lebendig gebliebener Geschichte, die hier hautnah zu erleben ist. Eisenheim ist die älteste Arbeitersiedlung aus der Frühphase der Hochindustrialisierung des Ruhrgebietes und eine der ältesten noch erhaltenen Siedlungen Deutschlands überhaupt. Sie wurde ab 1846 in mehreren Bauphasen von der späteren Gutehoffnungshütte für ihre Arbeiter gebaut. Auf einer Grundfläche von rund sieben Hektar entstanden in der Folgezeit zweigeschossige und anderthalbgeschossige Doppelhäuser in verschiedenen Stilformen. Nutzgärten, Ställe zur Kleintierhaltung und öffentliche „Wohnwege" zwischen Haus und Hofgebäuden waren und sind abgestimmt auf ein soziales Gemeinschaftsleben. Das Gesamtensemble mit seinen 39 historischen Häusern vermittelt heute noch einen authentischen Eindruck von den Lebensverhältnissen vor rund 150 Jahren. 1968 sollte die Kolonie Eisenheim abgerissen werden, doch eine Privatinitiative verhinderte dies und erreichte 20 Jahre später, dass die Siedlung vollständig unter Denkmalschutz gestellt wurde. So konnte sich neues Leben in den denkmalpflegerisch korrekt restaurierten und zeitgemäß neu eingerichteten alten Häusern entwickeln.

Unsere Tipps

- Führer nicht erforderlich: Eisenheim hat „sprechende Straßen". Der Besucher wird anhand von Informationstafeln durch die Siedlung geführt und erfährt Wissenswertes über Architektur, Geschichte und Lebensverhältnisse in früherer Zeit, aber auch über den Niedergang und die Rettung der Siedlung durch ihre Bewohner.

- Nicht übersehen: die „Wohnwege" hinter den Häuserfronten.

- Für diejenigen, die es noch genauer wissen wollen: In einem der ehemaligen Waschhäuser der Kolonie ist das vom Rheinischen Industriemuseum betreute „Museum im Waschhaus" mit Exponaten zur wechselvollen Geschichte der Siedlung zu besichtigen.

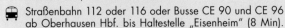

Werrastraße, Oberhausen-Eisenheim

🚊 Straßenbahn 112 oder 116 oder Busse CE 90 und CE 96 ab Oberhausen Hbf. bis Haltestelle „Eisenheim" (8 Min).

🚲 Nördlich des RO: von Rhein-Herne-Kanal/Emscher Richtung Osterfeld-Zentrum, dann ehemalige Zeche Osterfeld auf örtlichem Radweg zur Arbeitersiedlung.

🚶 Zu empfehlen: Spaziergänge im benachbarten Grafenbusch oder im Volksgarten, Mergelstraße/Kapellenstraße, Oberhausen-Osterfeld.

🏛 „Museum im Waschhaus", Berliner Straße 10a, Oberhausen-Eisenheim, April–Okt di–so 10–19 Uhr, do 10–20 Uhr, Rheinisches Industriemuseum: Tel. 02 08 / 8 57 90.

☞ Ehemaliges Zechengelände Osterfeld wird zum „Wohn- und Servicepark Osterfeld" umgebaut, Vestische Straße, Oberhausen-Osterfeld, Außenbesichtigung: Torhäuser und alte Verwaltung; Gelände beherbergte 1999 die Landesgartenschau.

Den Koloss besteigen …

Zwischen dem Rhein-Herne-Kanal und Oberhausens „Neuer Mitte", dem Einkaufs- und Freizeitzentrum „CentrO." erhebt sich ein unübersehbarer Industriegigant, der Gasometer. 1928/29 wurde der Koloss für die Eisenhütte Oberhausen erbaut. Der Behälter diente zur Speicherung von Hochofengas. Zur Bauzeit war er mit einer Höhe von 117,5 Metern und einem Durchmesser von 68 Metern der größte Europas. Im Zweiten Weltkrieg erstaunlicherweise nur leicht beschädigt, geriet er bei der Wiederinbetriebnahme in Brand und wurde 1948 in seiner ursprünglichen Form und Konstruktionsart wiederaufgebaut. In dem „Scheibengasbehälter" benutzte man eine Technik, die in den 20er Jahren entwickelt worden war: eine riesige bewegliche Metallscheibe „schwamm" auf dem Gas und sorgte für den erforderlichen Druck von oben. Der 1988 stillgelegte Gasometer wurde bald darauf gründlich restauriert und zu einer Ausstellungs-, Theater- und Konzerthalle besonderer Art umgebaut. Gleichzeitig dient der Gasometer aber auch als Aussichtsturm. Über einen Panoramaaufzug im Inneren, einen Außenaufzug oder eine 592 Stufen lange Treppe erreicht der Besucher das Dach des Oberhausener Wahrzeichens und wird mit einem atemberaubenden Rundumblick belohnt.

Unsere Tipps

- Im Schatten des Gasometers: Das klassizistische Schloss Oberhausen (Anfang des 19. Jahrhunderts anstelle eines mittelalterlichen Herrensitzes erbaut) beherbergt das neue Museum „Ludwig Galerie Schloss Oberhausen" mit Kunstwerken von der Antike bis zur Gegenwart und den populären Medien Comic, Karikatur, Plakatkunst, Video und Gegenstände der Alltagskultur. In der Gedenkhalle des Schlosses: Dauerausstellung zur „Geschichte der Verfolgung und des Widerstandes in Oberhausen während der Zeit des Nationalsozialismus".

- Schön und erholsam hinter Schloss Oberhausen: der Kaisergarten, eine geglückte Kombination von botanischem Garten, Wildgehege, Park- und Freizeitanlage.

- Für Schiffsfahrten auf dem Rhein-Herne-Kanal: Anlegestelle der „Santa Monika" am Rande des Kaisergartens.

Am Grafenbusch, Alt-Oberhausen

🚌 Bus 122 ab Oberhausen Hbf. bis Haltestelle „Schloss Oberhausen".

🚲 Am RO (Rhein-Herne-Kanal), der Gasometer ist eine Station auf dem Emscher-Park-Radweg.

🚶 Auf dem Emscher-Park-Wanderweg.

🏛 Ludwig Galerie Schloss Oberhausen und Kaisergarten, Konrad-Adenauer-Allee 46, Alt-Oberhausen, mit neuer Galerie, Tel. 02 08 / 8 25 38 11 / -38 12, di–so 11–18 Uhr,

✗ mit Café, Restaurant und Biergarten, Tel. 02 08 / 29 02 20, tgl. 8–24 Uhr, Küche: 11–22.30 Uhr.

☞ Direkt am Gasometer: Neue Mitte Oberhausen: „CentrO.", Essener Straße / Osterfelder Straße / Konrad-Adenauer-Allee, Alt-Oberhausen. Info-Tel. 02 08 / 8 28–20 55, Einkaufszentrum, Freizeitangebote im „CentrO.park", Kino-Center und Veranstaltungsarena mit 11.500 Sitzplätzen.

☞ Schiffsfahrten „Santa Monika", Tel. 0 23 81 / 5 72 28 bzw. 46 04 44.

Wissenswertes

Fahrstühle für Schiffe

Einzigartig im Ruhrgebiet und Hauptattraktion des „Schleusenparks Waltrop" ist zweifellos das „Alte Schiffshebewerk Henrichenburg", das 1899 von Kaiser Wilhelm II. eingeweiht wurde. Es gilt als technisches Wunderwerk seiner Zeit. Das Problem war, 14 Meter Höhenunterschied im Dortmund-Ems-Kanal ohne Wasserverlust zu überwinden. Die Lösung bestand darin, einen wassergefüllten Trog zu konstruieren, der unter Ausnutzung des natürlichen Auftriebs die Kanalschiffe mitsamt der Wasserfüllung quasi wie in einem „Schiffsfahrstuhl" hinaufhob oder hinabließ. Erst 1970 wurde das Schiffshebewerk stillgelegt. Seit 1992 ist es mit enormem Kostenaufwand restauriert und für Besucher begehbar, die nicht nur die ausgefeilte Technik, sondern auch die prächtige Industriearchitektur der Kaiserzeit bestaunen können.

Gleich nebenan ist ein zweites Industriedenkmal zu bewundern: die 1914 in Betrieb genommene Schachtschleuse, in der ebenfalls äußerst wassersparend Schiffe auf und ab bewegt werden konnten. Die Schleusenfüllung wurde in zehn daneben liegende Wasserbecken abgepumpt und zur nächsten Füllung wiederverwendet. So wurde also beim Zu-Tal-Schleusen der Wasserverlust des Dortmund-Ems-Kanals auf ein Minimum reduziert. Die Schachtschleuse ist 1989 stillgelegt worden.

Unsere Tipps

- Technik besser verstehen: Im „Museum Altes Schiffshebewerk" wird nicht nur das Prinzip des „Schiffsfahrstuhls" an Modellen deutlich. Faszinierend ist auch ein Besuch des ehemaligen Kessel- und Maschinenhauses. Außerdem gibt es eingehende Informationen über die Wasserstraßen des Ruhrgebietes und zu Geschichte und Gegenwart der Binnenschifffahrt. Gehören auch zum Museum: begehbare historische Schiffe im Vorhafen des Schiffshebewerkes.

- Neu, aber ebenfalls eindrucksvoll: das neue Schiffshebewerk von 1962 für Schiffe bis zu 85 Metern Länge und 1.350 Tonnen Ladung (im alten Hebewerk durften sie nur 67 Meter lang und mit 750 Tonnen beladen sein).

- Wurde gleichzeitig in Dienst gestellt: die neue Schleuse von 1989, eine Sparschleuse für Einzelschiffe bis zu 110 Metern Länge und 2.300 Tonnen Ladung.

Am Hebewerk 2, Waltrop-Oberwiese

🚌 Bus 285 ab Waltrop Bf. bis Haltestelle „Am Moselbach" in Waltrop-Innenstadt, dann mit Bus 231 bis Haltestelle „Kanalstraße" in Datteln (11 Min), oder: CE 58 ab Castrop-Rauxel Hbf. bis Haltestelle „Henrichenburg", dann mit Bus 233 bis „Wittener Straße" und schließlich mit Bus 231 bis Haltestelle „Am Hebewerk".

🚲 Am R8/R31 und direkt am Emscher-Park-Radweg entlang des Rhein-Herne-Kanals aus Richtung Süden.

🏛 Westfälisches Industriemuseum, Museum Altes Schiffshebewerk Waltrop, Tel. 0 23 63 / 9 70 70, di–so 10–18 Uhr.

Heimatmuseum Waltrop, Riphausstraße, Waltrop, Tel. 0 23 09 / 7 27 59, 1. und 3. Sonntag im Monat 10–12 Uhr und 15–18 Uhr. Führungen für Gruppen und Schulklassen nach Vereinbarung.

✕ Gasthaus Stromberg, Dortmunder Straße 5, Waltrop, Tel. 0 23 09 / 42 28, di–so 10–15 Uhr und 18–22.30 Uhr.

☞ Ehemalige Zeche Waltrop, Sydowstraße, Waltrop.

Wissenswertes

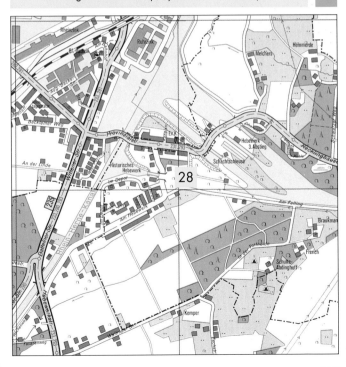

Spinnen ohne Menschenhände

Dem Elberfelder Verleger Johann Gottfried Brügelmann gelang 1783/84 eine Sensation: Nachdem er das in England streng gehütete Geheimnis der maschinellen Baumwollverarbeitung ausspioniert hatte, gründete er vor den Toren Ratingens eine Fabrik, in der Baumwollgarn völlig „ohne Menschenhände" produziert wurde. Seine Maschinen hatten ihr Vorbild in der „Cromford Mill", einer Spinnerei in der Nähe von Manchester. Und so nannte Brügelmann seine Fabrik – die älteste auf dem europäischen Kontinent! – „Cromford". Erst 1977 wurde sie stillgelegt und anschließend vom Rheinischen Industriemuseum übernommen. Erhalten sind das frühindustrielle, fünfstöckige Fabrikgebäude, das Herrenhaus, die Werkstattgebäude und Arbeiterwohnhäuser. Die Originalmaschinen sind nicht mehr vorhanden, aber an ihrer Stelle stehen genaue Nachbildungen derjenigen aus der „Cromford Mill", die der Engländer Charles William Haycock in jahrelanger Kleinarbeit für das Ratinger Museum hergestellt hat – und zwar so, dass sie funktionstüchtig sind! So kann der Besucher seit Ende 1996 die Arbeitswelt der ehemaligen Baumwollspinnerei an laufenden Maschinen erleben. Beeindruckend: das ebenfalls detailgetreu nachgebildete, riesige Wasserrad, das, angetrieben vom Angerbach, früher für den gesamten Energiebedarf des Unternehmens sorgte. Unterstützt wird das Ganze durch den Einsatz modernster optischer und akustischer Medien. Entstanden ist auf diese Weise ein Museum „zum Anfassen", in dem die Verarbeitung von Baumwollflocken bis zum fertigen Garn „augen- und ohrenfällig" wird.

Unsere Tipps

- Gehört zum Fabrikbesuch: ein Gang durch das Brügelmannsche Herrenhaus Cromford (Ende 18. Jahrhundert). Gestaltet wie ein spätbarockes Lustschloss verdeutlicht diese Fabrikantenvilla den Anspruch des frühen Unternehmers auf gesellschaftliche Anerkennung. Prunkstück: der Gartensaal mit schönen Wandgemälden, der bürgerliches Repräsentationsbedürfnis verrät. Interessant: die ehemaligen Kontorräume.

- Barocke Gartengestaltung und gepflegte Parkanlage vor dem Herrenhaus Cromford.

- Im unteren Bereich des Herrenhauses: hübsches Café.

- Benachbart: Ratingens beliebtes Ausflugsziel, die Freizeitoase „Blauer See".

Cromforder Allee 24, Ratingen, Tel. 0 21 02 / 87 03 09, di–so 10–17 Uhr, Café im Herrenhaus Cromford, di–so 11–17 Uhr.

S6 ab Essen Hbf. bis Haltestelle „Hösel", dann mit Bus 773 Richtung Ratingen-Mitte bis Haltestelle „Blauer See"; oder mit S6 bis Ratingen Bahnhof-Ost, dann mit Bus 773 bis Haltestelle „Blauer See".

Stadtmuseum, Städtische Galerie und Puppenmuseum, Grabenstraße 1, Ratingen, Tel. 0 21 02 / 98 24 42 / 98 24 41, di–so 11–17 Uhr, do 11–19 Uhr.

Natur- und Freizeitpark „Blauer See", Zum Blauen See 20, Ratingen, Tel. 0 21 02 / 84 81 90, mo–fr 11–18 Uhr, sa–so 10–19 Uhr. Parkanlage und Kinderattraktionen. Gastronomie: mo–do 11–18 Uhr, fr–so 11–21 Uhr.

Erholungspark Volkadey, ideal für Wasserfreunde mit dem „Grünen See" und dem unter Naturschutz stehenden „Silbersee".

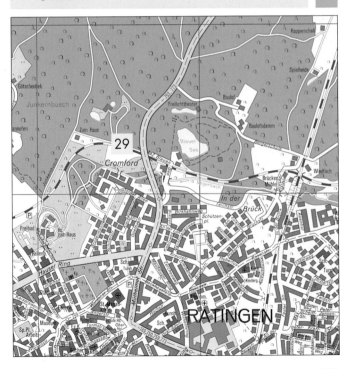

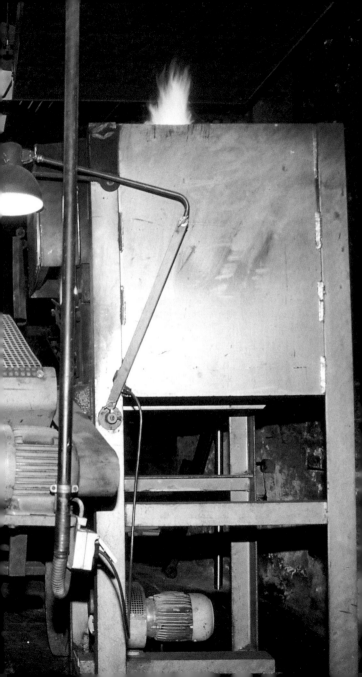

Vom Schmieden, Augenpliesten und Scherennageln

Fast auf den Tag genau 100 Jahre nach ihrer Gründung musste die Solinger Gesenkschmiede Hendrichs 1986 stillgelegt werden. Und nur wenige Wochen später wurde die ehemalige Scherenfabrik, in der man vornehmlich Scherenrohlinge aus Formen geschmiedet hatte, wieder eröffnet, nun aber als Industriemuseum, in dem die vollständige Einrichtung (im Wesentlichen aus der Zeit um 1914) noch vorhanden und funktionstüchtig ist. Die letzten acht Arbeiter der Firma Hendrichs ließen sich ebenfalls in den Dienst des Museums stellen, und so darf der Besucher heute die erfahrenen Schmiede und Werkzeugmacher bei der Herstellung von Scherenrohlingen (2.000 verschiedene waren früher im Angebot der Firma Hendrichs) an den Originalmaschinen begleiten. Da kann man beispielsweise das Schmieden der gluthheißen Rohlinge beim ohrenbetäubenden Lärm des Fallhammers erleben, lernt, was „Augenpliesten" ist (Ausschneiden und Schleifen der Fingergriffe) oder erfährt, wie kompliziert das Härten, Nageln (Zusammenfügen der Scherenhälften) oder Schleifen ist. Durchschnittlich 174 Arbeitsgänge, ausgeführt von erfahrenen Handwerkern, sind erforderlich, um eine Schere mit der Qualität entstehen zu lassen, die Solingen Weltruf im Bereich der Schneidewerkzeuge eingebracht hat. Maschinen sprechen nicht. Aber durch die freundliche und aufgeschlossene Betreuung von den ehemaligen Mitarbeitern der Gesenkschmiede wird diese wieder zur lebendigen, produzierenden Fabrik und vermittelt authentische Einblicke in die Arbeitswelt früherer Jahrzehnte. Als Ausflug unbedingt empfehlenswert!

Unsere Tipps

- Im Museum erhältlich: Scheren, die von den ehemaligen Hendrichs-Mitarbeitern heute noch in kleinen Mengen hergestellt werden, darunter sehr attraktive Modelle wie die Schere in Form eines Hahns zum Eierschneiden, die Knopflochschere oder die Lichtputzschere.
- Waffen, Schneidegeräte und Bestecke von der Vorgeschichte bis zur Gegenwart: im Deutschen Klingenmuseum in Solingen.
- Hier kann man Scherenschleifer bei der Arbeit sehen: Balkhauser Kotten, stattliche Doppelkottenanlage mit 70 Schleifstellen, entstanden um 1600.
- Und auch hier geht es ums Scherenschleifen: Wipperkotten, ein schöner, wassergetriebener Doppelkotten auf einer Insel in der Wupper (erste urkundliche Erwähnung 1605).

Merscheider Straße 289–297, Solingen-Merscheid, Tel. 02 12 / 23 24 10, Museum: di–so 10–17 Uhr, Hammerbetrieb: di–sa 10–12 Uhr und 14.30–16 Uhr.

Bus 681 ab Bahnhof Solingen-Ohligs bis Haltestelle „Industriemuseum" (12 Min).

Deutsches Klingenmuseum, Balkhauser Kotten, Klosterhof 4, Solingen, Tel. 02 12 / 2 58 36 10 oder 25 83 60, di, mi, do, sa, so 10–17 Uhr, fr 14–17 Uhr.

Balkhauser Kotten, Solingen, Tel. 02 12 / 4 52 36, di–so 10–17 Uhr.

Wipperkotten, Wipperaue, Solingen, Tel. 02 12 / 80 90 33 oder 80 99 89.

☞ Kurioses: Laurel & Hardy-Museum, Solingen, Bismarckstraße 23, Tel. 02 12 / 81 61 09, geöffnet nur nach Vereinbarung mit Museumsbesitzer Wolfgang Günther, dann aber Führung obligatorisch.

Wissenswertes

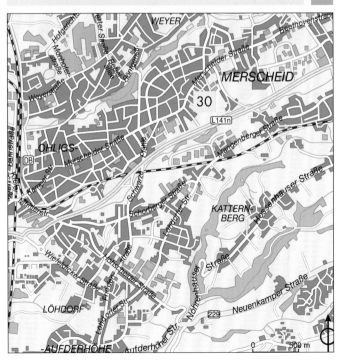

Von A bis Z

Überblick